Praise for Pájaros, lesbianas y *queers*....¡a volar!

"In the Diaspora, Dominican LGBTQ+ folks are making incredible art, story, plays, music and poetry. We build community wherever we go. We push the boundaries of mediums. We insist on our presence on our own terms. We bring el coro and the tichér. We bring the party and the protest. On its own, this collection of Dominican LGBTQ+ voices is powerful. In the context of our specific and shared luchas within and across international borders, it is both un üngüento that heals the soul and una herramienta that provides us with language, imagination, mirrors, and roadmaps to our collective liberation and joy." – Dr. Ana-Maurine Lara, *Dominican American lesbian poet, novelist and black feminist scholar.*

"Spanning genre, language, borders, and a multitude of interior worlds, this is an incomparable collection of Dominican letters. Powerful and bold, *Pájaros, lesbianas y Queers... ¡a volar!* is an expansive take that illuminates Dominican queerness from the mundane to the mythical." – Elizabeth Acevedo, author of *Family Lore.*

"*Pájaros, lesbianas y Queers... ¡a volar!* Is a vibrant and urgent anthology of queer Dominican poetry, prose and plays. The works traverse landscapes of culture, language and queerness to deliver a long overdue collection of stories that bring the reader into a powerful queer Dominican consciousness and experience. From love to heartbreak, to shedding shame, to learning to live, leave and find home, to exploring Blackness, these works will resonate with readers from all walks of life, from Santo Domingo to the Bronx and around the world. I highly recommend this anthology to anyone who is looking to be immersed in beauty, joy, and the power of moving stories." – Charles Rice-Gonzalez, author of *Chulito* and co-editor of *From Macho to Mariposa: New Gay Latino Fiction.*

"This book is a journey into a realm that has often been denied and overlooked throughout Dominican-Diasporic history: Queerness. Beyond a book, this is an experience into themes of home, immigration, homophobia, and redemption. Each author generously poured their vulnerabilities into a book that reads more like someone's personal journal. *Pájaros, lesbianas y queers... ¡a volar!...* is part of growing movements of humanization and love." – Griselda Rodriguez-Solomon (Dr.G.), PhD, Scholar, Mother, *Bruja of Brooklyn, Doctora*

"If *Pájaros, lesbianas y queers... ¡a volar!* were its own category at a Kiki ball the category would be written realness. *Pájaros, lesbianas y queers... ¡a volar!* is a mosaic of poetry and prose. With stories that will surely remind you of people you know, ornate with realness, humor and rich with language, as fluid as sexuality." – María Teresa "Mariposa" Fernández is an *award-winning Afro Puerto Rican poet, spoken word performance artist, visual artist, educator, activist, scholar and Bronx native*.

"Pájaros, lesbianas y queers... ¡a volar! An LGBTQ Anthology of Dominican Transnational Writers es una deslumbrante antología en la que se alzan voces necesarias, que nos recuerdan que nuestre Caribe está en las mejores manos; manos que escriben y que permiten la crónica de la existencia inclusiva y diversa. Aquí hay pura resistencia maricona, hay llanto y hay victoria, testimonial de la representación vibrante y caleidoscópica del TODES. Las experiencias únicas hacia el autodescubrimiento y la aceptación, la concepción de un cuerpe, la denuncia de los odios y el reclamo del amor permean las líneas a través de conmovedores relatos y poemas, rupturas de barreras binarias y desafíos a los estereotipos de género. La antología es una valiente invitación a la exploración de la identidad y la búsqueda de pertenencia. Aquí se exigen nuevos dioses, patrias y libertades como declaración poderosa de que nosotres, las voces de la otredad, importamos y merecemos ser escuchados. *Pájaros, lesbianas y queers... ¡a volar!* es un efectivo recordatorio de que la literatura siempre será herramienta para la visibilización y el cambio social. – Yolanda Arroyo Pizarro, *novelista, cuentista y ensayista afroqueer puertorriqueña. Afroqueeridades* (egales editorial, 2023) es su más reciente publicación.

Pájaros, lesbianas y *queers*... ¡a volar!

An LGBTQ+ Anthology of Dominican Transnational Writers

EDITED BY

Yoseli Castillo Fuertes

Alicia Anabel Santos Diaz

Pájaros, lesbianas y Queers…¡A volar! An LGBTQ Anthology of Dominican Transnational Writers

DWA Press is an Imprint of Dominican Writers Assoc., a 501 (c)(3) non-profit literary arts organization founded in 2015 with the mission to support Dominican writers by providing them the tools and resources to become published authors.

Editors: Yoseli Castillo Fuertes, Alicia Anabel Santos Diaz

Cover art design: Luz Santos (@ghost.teal) Moro Studio, RD

Paperback: 9781735230818

DWA Press:

An imprint of Dominican Writers Assoc.

www.dwapress.com
www.dominicanwriters.org

Email: info@dominicanwriters.com

For our daughters, ancestors and every Dominican in search of home and belonging.

CONTENTS

Part two - Patria

Part three - Libertad

Foreword

Dr. Ana-Maurine Lara

When I met Yoseli at Noche Bohemia in New York, back in 2007, I remember being so moved that she would have me be part of the community presentation. Here was a group of LGBTQ+ Dominicans in New York who were making space for me to be there with them! You don't know how rare that has been in my life. And I am so grateful that over the years, you have continued to make space for me and for so many of us LGBTQ+ Dominicans.

As you know, being Dominican and LGBTQ+ is amazing and beautiful and powerful and fun even though *no es facil.*

Even when we have our families' acceptance (even when the acceptance is tacit) and even when we have built incredible community (even when community is fraught), we must navigate a world in which people actively seek to diminish our rights and to harm us. Rates of suicide and depression have increased exponentially for LGBTQ+ people – across the world. In March 2023 in Uganda, lawmakers passed laws criminalizing LGBTQ+ identities. I am in the United States as I write this. Across the United States, there is a revival of decades-old campaigns (now geared towards "transgender" people but once, not long ago, aimed at "homosexuals") to end access to education, healthcare and well – we have never had housing or employment guarantees in this country.

At the same time, in the Dominican Republic – even with "a Constitution that protects all citizens from discrimination and same sex relationships and diverse gender identities are not criminalized"(UNHCR)[1] even with the policy and civil rights advances achieved through foot-on-the ground activism, advocacy and international pressure, Dominican LGBTQ+ people face mistreatment and violence in their homes, their schools, and in public. As leaders of the Dominican LGBTQ+ movement on the island have pointed out, there are no laws that criminalize hate speech or hate crimes against LGBTQ+ people – yet. *La lucha* continues and Dominican LGBTQ+ activists are the courageous warriors at the forefront of a decades-long movement to secure the right to change names and gender identities, to recognize same-sex relationships, to diminish and end violence and discrimination against LGBTQ+ person, to end exploitation, to secure rights to education, housing and employment. *No somos faciles.*

In the Diaspora, Dominican LGBTQ+ folks are making incredible art, story, plays, music and poetry. We build community wherever we go. We push the boundaries of mediums. We insist on our presence on our own terms. We bring *el coro* and the *tichér*. We bring the party and the protest.

On its own, this collection of Dominican LGBTQ+ voices is powerful. In the context of our specific and shared *luchas* within and across international borders, it is both *un üngüento* that heals the soul and *una herramienta* that provides us with language, imagination, mirrors, and roadmaps to our collective liberation and joy. Reading through poetry, fiction, plays, memoir, hybrid texts – in English, Spanish and Spanglish – makes this a unique collection where we get to see ourselves inside all of these magical worlds created by the contributors. We get to see ourselves as human beings – navigating nationalism, racism, sexism, homophobia, transphobia, classism and xenophobia – whether in our surroundings or inside of ourselves. We get to see ourselves as human beings – joyful, loving, daring, vulnerable, selfish, self-centered, hurt, angry, catty, brave, fearful, strong, and powerful.

What I appreciate most about this anthology is that it is not a singular story. So often we LGBTQ+ Dominicans are reduced to a single story – whether it's a story around our racial identities or a story about our experiences of violence. That single story has really limited a broader understanding of the richness of Dominican LGBTQ+ experiences, as well as the delicious textures of our varied voices and approaches to genre. The power of story is both the specifics of our experiences and the ability to connect with others through narrative. This collection challenges the singular story.

When I first saw the book organized in the lema de la patria – "Dios, Patria, Libertad" – I did a double take. I asked myself, what do these ideals have to do with us as LGBTQ+ people? In my experience, nationalism is not our friend, even when we are some of the most patriotic people. And yet as I read through the pieces, and studied the organization of the work,

I understood how powerful it is to see Dominican LGBTQ+ writers re-imagine "Dios", "Patria", "Libertad" both in terms of the nationalist ideals we grew up with, but also through practices of disidentification and re-appropriation. I don't have to agree with the writers in this book to appreciate how they have made meaning of their own experiences, and their own relationships to Dominicanidad.

This collection of work is a wonderful and necessary compliment to existing Dominican LGBTQ+ scholarship and work, activism and art. I want to thank you from the bottom of my heart for putting this incredible collection together and making it available to us at this time in history and hopefully into the distant future. It means so much that you have – once again – made room for us, for so many of us, here.

Con cariño y respeto,

Ana-Maurine Lara, PhD

[1] "Personas LGBTIQ+ en República Dominicana"https://help.unhcr.org/dominicanrepublic/temas-de-interes-para-elacnur/persnas-lgbtiq-en-republica-dominicana/

Preface

Alicia Anabel Santos Diaz

As a young child I grew up seeing and hearing the words: Dios, Patria y Libertad, not just on our countries flag, but as a way to be proud of where I come from. I was raised in a "very proud to be Dominican" home, by a very "proud to be Dominican" dad! "En esta casa se habla español y en esta casa estamos en la República Dominicana." I grew up with the patria part instilled in me like a badge of honor. El Orgullo Dominicano was this thing to be proud of no questions asked. If you are a Dominican who speaks up or against the Dominican Republic in any critical way, this is considered anti-Dominican. Dominicans can do "no wrong." Yet, is this Orgullo Dominicano meant to translate as blind pride--un orgullo ciego?

This Orgullo Dominicano also does not lend itself to el orgullo gay. Orgullo is reserved for "the right kind" of Dominican, "the right kind" of Dominican pride—and this "right kind" of Dominican is the only kind to be welcomed, accepted and tolerated—this right kind of Dominican does not include LGBTQ+ people. De eso estamos claros. This Dominican pride is reserved only for the "right kind of stories that should be written," "the right kind of questions to ask," "the right kind of criticism," and anything that is not in alignment with the teachings of the church and state is wrong! In fact, for many of us speaking on issues we believe are unjust such as feminicidio, anti-gay legislation, anti-trans hate crimes, anti-Haitianism, sexual exploitation, and anti-Blackness has threatened the safety of many in our community. What I have come to understand is that Dios, Patria y Libertad does not apply to someone like me.

Yoseli and I understood how powerful it was to use our country's emblem of God, Motherland and Freedom to explore the themes addressed in this anthology. Once the decision was made on how to organize the sections of the book the question then was, how do we, those of us in the Dominican LGBTQ+ community live inside of these sometimes-limiting terms and beliefs that have not been inclusive or welcoming to us? How do we find ourselves in a motto which puts religious identity at the center of humanity? This anthology addresses the ways we in the LGBTQ+ community of Dominican descent feel when we think of home, and what orgullo Dominicano really means to us. Within these pages many themes are explored: journeys of self-discovery, identity and spirituality. These are stories of courage and empowerment as characters navigate the process of coming out and what true libertad means for us. We share cultural critiques that dissect societal norms, and challenge the status quo. The personal is in fact political, as these narratives are a response to the politics and activism of the nation. We explore the nuances in redefining and rejecting gender norms while celebrating the triumphs and struggles that have shaped us. Inside this anthology you will discover diverse voices and themes of isolation and connection, yearning for home and belonging.

Over the course of the past twenty-two years, I have dedicated myself to the craft of writing, teaching and providing safe spaces for writers. In 2006, I founded the New York City Latina Writers Group as a way for women of color to create in a supportive and encouraging environment. My own writing has been nurtured in spaces like these. My work meets at the intersections of identity and belonging, Afro-Latinidad and Blackness, social and racial Justice, spirituality and healing, loss and grief, as well as writing on the complex emotions that accompany them. In 2008, I embarked on a journey across 15 countries, after my essay, titled "Two Cultures Marching to One Drum," caught the attention of Renzo Devia, a three-time Emmy award-winning producer and director. Renzo was captivated by the themes I had touched upon in my essay and saw the potential for a groundbreaking documentary. He extended an invitation for me to collaborate with him on a project that would later become known as "Afrolatinos: La Historia Que Nunca Nos Contaron" (Afrolatinos: The Untaught Story). Our mission was clear: to tell the untold history of Afro-Latinos and share the contributions that had long been overlooked and marginalized. Looking back, this journey was not just about making a documentary; it was a profound exploration of identity, culture, and the power of storytelling. It was an opportunity to amplify voices that had long been silenced and to contribute to a more inclusive narrative of Latin American history. As I reflect on those years of travel, research, and collaboration, I am grateful for the chance to build on my work as editor of this important anthology.

We are grateful to Ana-Maurine Lara for her beautiful foreword. I met Ana in 2013 at Yale University while I was presenting Afrolatinos. Then in November 2016 she interviewed me in my Harlem New York City apartment, while I was in my iyaworaje [year in white, in observation of being crowned in the Regla de Ocha, also known as Santeria]. We talked about the mentorship I have provided hundreds of writers over the years, as well as the direction of my own writers' journey. She asked me how I see myself, my art and my writing in the world. During that time, I was drafting a historical fiction novel titled, "For the Love of Parsley," about two women, one Haitian and the other Dominican who fall in love during a time of tremendous hate. [It takes place in the 1930's Dominican Republic]. Much of my writing is centered on women, Black women in particular, sexuality and spirituality. In my work I am constantly exploring complex relationships, classism, colorism, sexism, and racism.

As I meditate on the power of the writing in this anthology I understand that our writing is inspired by the world around us. We are witnesses and these are our testimonios. The pieces you will find in these pages bear witness to critical events and moments during our time, giving voice to the unspoken truths and preserving the essence of the past for future generations. Through our collective words, we document and give voice to the truths that might otherwise go unheard. This is what the *Pájaros, lesbianas y queers…¡a volar!* anthology represents, our llantos and gay pride! This book is our coming out party!

I am thinking about the days when I first came out to myself over 16 years ago. After "doing the right thing," according to my Dominican upbringing, I married a "white man," got pregnant, had my first daughter. I admit that coming out for me was terrifying for many reasons. First, I was experiencing a spiritual battle convincing myself that I would be punished by God for desiring a woman. Then, I would need to tell my family. Coming out for me has been one of the most liberating moments of my life. I remember when I told my then teenage daughter Courtney. Her response came with so much love and without judgment, or hesitation. She responded, "So you're gay?" I replied, "Yes, I am!" She said, "Yay! My mami is gay! If you're happy, I'm happy." If only the world could be this loving, this kind, this welcoming.

We invite you to sit and read, and cry and learn about us. These are stories of love, stories of justice, stories of loss. Writing holds up a mirror. It reflects who you are in the world and it also mirrors the world you dream of living in. I definitely want to live in a world with more love. We invite you to join us in this reflection, dialogue, and a deeper understanding of the world we share. If literature is a response to what is happening in society, Pájaros, lesbianas y queers…¡a volar! is our cry (call) demanding we are seen. May those who come across this work see themselves reflected, and find pride within these pages.

Introduction

Yoseli Castillo Fuertes

El sueño de este libro tiene ya más de 30 años. Empezó en una clase de «temática *gay*» en la literatura iberoamericana en Barnard College, 1993. Recuerdo que leímos a Lorca, Puig, Arenas. No leímos ni una sola mujer. Gabriela Mistral fue solo un rumor entre académicos de Columbia University y Barnard quienes nunca se atrevieron a incluirla en un plan de estudio. Consulté con dos de mis profesores mi lectura lésbica de algunos poemas de Gabriela, especificamenente «La enemiga» y solo me confirmaron que había rumores pero que la posición oficial de Columbia era la misma que la del Consulado General de Chile: Gabriela Mistral no era lesbiana. En esa clase, aunque estaba fascinada por discutir abiertamente la homosexualidad, la falta de mujeres, de lesbianas, de historias caribeñas, dominicanas, me hizo por primera vez, imaginar y anhelar leer y estudiar sobre el deseo lésbico en nuestra literatura latinoamericana. Todavía Gladys Schyenemakers, una de mis consejeras universitarias, no me había regalado la 2da edición de *Compañeras: Latina Lesbians: An Anthology* (ed. Juanita Ramos)[1] que saldría un año más tarde. Aunque no había historias de dominicanas en esa edición, encontrarme con tantas situaciones y sentimientos familiares para mí, fue gratificante, fortificante y esperanzador. Esa antología, pero aún más mi encuentro con las feministas negras y chicanas en mis clases de Long Island University, Brooklyn, concretizaron y formaron mi activismo, y mi compromiso con usar mi escritura, mi creatividad, mi intelecto para contribuir a mi bienestar, y el de las mujeres marginalizadas, especialmente las lesbianas dominicanas, latinas y negras. Audre Lorde, Gloria Anzaldúa, Cherrie Moraga, Bell Hooks, Barbara Smith definitivamente me aclararon que no funciona una estética de "arte por el arte" en nuestras experiencias y comunidades, que nuestro arte, nuestra escritura está intrínsecamente modificada por nuestras experiencias, por lo que reflejarnos en la universalidad canónica resulta doblemente invisibilizador.

[1] La 3ra edición contiene una entrevista que le hace Juanita Ramos a OchyCuriel y a Yuderkys Espinosa-Miñoso, dos de las primeras (las únicas tal vez) feministas descoloniales, académicas, activistas, escritoras lesbianas afro dominicanas con alcance internacional.

Por esta razón este libro es como somos les que lo componemos: LGBTQ+, disidentes, dominicanes, bilingües.

El sueño volvió a manifestarse en el 2013 en una reunión de la Junta Directiva del colectivo literario The New York City Latina Writers Group[2]. En esa reunión visualizamos muchos planes para el grupo que incluían un retiro anual por y para escritoras de color, talleres, conferencias y publicaciones. En el 2015 Alicia y yo organizamos el primer retiro de Sankofa Sisterhood Writers Retreat en las montañas Catskills. Los próximos cinco años fueron bien productivos en términos de actividad literaria que organizamos o participamos: establecimos el retiro de escritoras Sankofa anualmente, formamos parte de la Junta Directiva de Dominican Writers Association (DWA) y The Bronx Academy of Arts and Dance (BAAD!). Después del éxito de la Conferencia Literaria de Escritores Dominicanos (The Dominican Writers Conference) en mayo del 2019, y por la dinámica y productiva recepción que tuvieron nuestros talleres y paneles LGBTQ+, Alicia y yo le planteamos la antología a Ángela Abreu, quien empezaba a publicar autores dominicanes a través de DWA Press. Como parte de la convocatoria y con apoyo de Poets & Writers Inc. facilitamos un taller literario de 6 sesiones con el fin de producir trabajos para la antología. El aislamiento de la pandemia del COVID-19 facilitó la participación de cuarenta autores nacionales y de la diáspora dominicana en México, Chile, Honduras y los Estados Unidos. Parte de la antología fue escrita en los talleres pero también hubo una convocatoria general abierta a tode escritore, que se auto identifique como dominicane y como parte de la comunidad LGBTQ+. Es fundamental para mí el espacio colectivo de toda la comunidad. Mi activismo con la comunidad LGBTQ+ dominicana siempre ha sido inclusivo de toda la comunidad, y a la vez resaltando la contribución y representación de nosotras las lesbianas. Las particularidades de cada grupo, de cada sigla, es tan importante como la de las demás; cada grupo necesita su propio espacio,

[2] Alicia Anabel Santos fundó el grupo The NYCLWG en el 2006 en Harlem. En el 2022 contaba con más de 800 miembros en el grupo de Facebook. Yo empecé a participar cuando conocí a Alicia en el 2012. Para ese entonces el grupo estaba muy activo ofreciendo talleres de escritura, lecturas, presentaciones y tertulias regularmente. Nancy Ruffin, J.F. Seary son algunas de las primeras escritoras que se reunieron en el apartamento de Alicia en Harlem.

acciones o legislaciones particulares, pero no creo que debemos aislarnos completamente; si luchamos completamente fuera del colectivo, tenemos menos fuerza, y a la vez anulamos la historia y contribuciones que han hecho nuestros predecesores.

Pájaros, lesbianas y queers... es una antología LGBTQ+. La política de identidad, aunque está pasando de moda con los pensadores y activistas más progresivos de hoy, y los conservadores se burlan de ella, la malinterpretan o la usan para justificar su nacionalismo neonazi, es parte del proceso de desarrollo de la identidad nacional dominicana. Como una dominicana que desde la periferia y por más de 30 años ve transcurrir tendencias, movimientos sociales y literarios en la isla, veo que en este momento la República Dominicana todavía está en la etapa de lucha porque se reconozcan los derechos LGBTQ+ como derechos humanos, de la misma manera que se lucha por los derechos de la mujer, al aborto, les afrodescendientes y la niñez. Desde los años 80 organizaciones no gubernamentales[3], han promovido la lucha feminista. Hoy en día hay grupos culturales autogestivos y organizaciones oficiales que están dando espacio y apoyando a artistas, actividades para dar visibilidad, fondos y más alcance de estos movimientos socio culturales. En los años 90 el activismo LGBT giraba alrededor de la lucha en contra de la transmisión del VIH y del SIDA. Todavía hay organizaciones no gubernamentales ofreciendo servicios y plazas de trabajo, pero las organizaciones más visibles y radicales son los grupos de base. Organizaciones y grupos de base como Junta de Prietas, reconoci.do o Barrio Alante centralizan la experiencia y la existencia negra dentro de espacios políticos, sociales y culturales en la isla. Yo he vivido la afrofobia y la homofobia en espacios públicos, familiares y literarios desde principios de los 90, y a la vez, hoy día, veo los cambios transcurridos debido a las luchas de estas comunidades de base. A mí personalmente cuando viajaba me gritaban desde motores o del otro lado de la calle que me peinara, que si necesitaba un peine o ir al salón; mirándome los pantalones cargo y los suéteres masculinos me preguntaban si tenía novio, marido

---

[3] ONGs nacionales e internacionales como el Centro de Investigación para la Acción Femenina (CIPAF), Movimiento de Mujeres Dominico-Haitiana (MUDHA), La Asociación, TÚ MUJER, y el Centro de Orientación e Investigación Integral (COIN) trabajan capacitando y defendiendo los derechos de la mujer, algunas específicamente los de la mujer negra.

o hijos. Actualmente hay un poco más de visibilidad y espacio, especialmente para les jóvenes cuirs. Creo que es producto mayormente del trabajo que siempre han hecho las comunidades de base, de la influencia y recursos que han recibido de la diáspora y del alcance que ahora tienen las redes sociales. En los 90 y en la 1ra década del 2000, por ejemplo, había organizaciones como Amigos Siempre Amigos, apoyadas por ONGs internacionales y nacionales con las cuales Francisco Lazala conectó recursos de Alianza Dominicana con sus programas de prevención del VIH[4]. Ese vínculo se mantuvo luego con la organización LGBT dominicana The Gay and Lesbian Dominican Empowerment (GALDE), la cual por varios años ofreció información a través de talleres y recursos como condones y medicamentos antirretrovirales.

Pájaros, lesbianas y *queers* es una antología dominicana. De nuevo la autodefinición es fundamental. No es el nacionalismo patriótico colonialista de la mayoría de les dominicanes de la isla y de la diáspora. Es un nacionalismo desplazado, consciente de los hechos históricos, de los ideales cívicos y de los símbolos patrios que forman nuestra nación, pero a la vez crítico y disidente de cualquier ley o dogma que no respete los derechos humanos de cada individuo y que infrinja en la libre expresión y búsqueda de dichos derechos. Le dominicane desplazade no busca necesariamente una nacionalidad,[5] busca la patria que lleva consigo adentro en sus recuerdos, sus anhelos y en sus propios ideales de justicia e igualdad, y lo muestra con su tinta y su pellejo; puede haber nacido o residir en la isla o fuera, lo significativo es que no forme o no se sienta parte del ideal patriótico ciudadano. Es une ser marginal, dentro y fuera de la isla. Todes les escritores de alguna manera asumen, rechazan o desafían el ideal nacional, de la misma manera que cuestionan el lema «Dios Patria y

[4] Personalmente creo que la influencia de individuos comprometidos con el colectivo, en este caso dominicanes de la diáspora conectados con la isla, podría ser un tema de investigación. Yo fui testigo del trabajo de Lazala, pero también sé un poco del de Dulce Reyes con la Astraea Lesbian Foundation, del Dr. Carlos Decena con Rutgers University y de la Dra. Jaqueline Jimenez Polanco con Las Buenas Amigas. La primera antología lésbica dominicana, Divagaciones bajo la luna, Musing Under the Moon, editada por Jaqueline Jimenez Polanco contó con el apoyo de Astraea y Las Buenas Amigas.

[5] No hablo de la nacionalidad como derecho cívico o humano, algo que es definitivamente negado también por el estado colonialista dominicano a les dominicanes descendientes de haitianes. La sentencia 168-13 emitida por el Tribunal Constitucional de la Rep. Dom. el 23 de septiembre del 2013, desnacionaliza retroactivamente cuatro generaciones de dominicanes nacides entre 1929 y 2007.

Libertad» ¿Cómo asumimos o rechazamos estos conceptos, o mejor dicho preceptos, dentro o fuera de la isla? ¿Cómo nos representa este lema si no recibimos protección del estado ni somos aceptados en las comunidades cristianas? ¿Por qué respetar los símbolos nacionales y las leyes, si no se me devuelve en derechos constitucionales? Le dominicane desplazade es una contradicción. El rechazo, el acoso, la violencia psicológica y física, el miedo, la dificultad de vivir vidas plenas, es obviamente la razón principal de la migración hacia otros países más tolerantes, pero les que se quedan, les que están, día a día crean espacios íntimos y públicos que se transforman aquí en historias, algunas de las cuales sus autores se han atrevido a compartir.

«Sobrepeso», el relato o memoria de Sarahi Almonte plasma claramente el conflicto de le dominicane desplazade que a pesar de la violencia a la que es sujeta, encuentra y afirma su identidad nacional en sí misma, en su canto migrante, lésbico, bicultural, bilingüe, transnacional; su *home*, su patria, su hogar, ese sentirse en casa, es interno, emocional, acompañado de retos y conflictos externos, a la vez nutrido por el amor familiar, afable y propio. En «Hoh!I'mcoming o ¿y qué regreso e' ete'?» Jennifer Marlene Rodriguez, quien no es migrante pero regresa al país después de estudiar en los Estados Unidos y justo en el comienzo de la cuarentena del Covid 19, también está desplazada física y emocionalmente; desorientada navega espacios íntimos y sociales para también encontrarse a sí misma en la intimidad cotidiana y segura del hogar. Esa seguridad siempre se ve amenazada por el más mínimo y abstracto indicio de publicidad. Esa es la razón porque lo personal es político. La doble vida, el encierro, o el armario, como le nombramos, a mi entender crea un sinnúmero de trastornos psicológicos y limitaciones que hace del individuo una persona infeliz, incompleta, compartimentalizada, incapaz de alcanzar su plenitud personal, sentimental y social. Es el caso de la obra corta de Tomas Perez, «A solas». Conejo sorprende a Javier, su amante, con un escape a una cabaña en el bosque. Ese espacio íntimo y seguro se arruina para Javier por el hecho de que el techo es de cristal y se pueden ver las estrellas. Javier no puede en ningún momento relajarse y disfrutar la sorpresa; al contrario este gesto hace que Javier se aleje más de Conejo y se encierre más en su armario. Estoy consciente del privilegio de poder vivir fuera del armario de una manera segura, apoyada y respetada por mi familia y por la mayoría de mis círculos sociales; de igual manera quiero muy directamente motivar a les lectores a que se atrevan a salir, o que por lo menos se imaginen vivir en un mundo o un espacio de libertad, libre de miedo y agresión, libres para simplemente ser elles.

Pájaros, lesbianas y *queers* no es solo literatura con temática LGBTQ+, es literatura LGBTQ+. Les escritores lo son; el mundo, las ideas, los deseos, las estructuras, los pensamientos lo son. ¿Cómo se conecta une lectore heterosexual a este libro? Espero que en verdad no se hagan esa pregunta, pero por si acaso es una inquietud verdadera, de la misma manera que yo o cualquier persona LGBTQ+ se ha conectado al canon literario de todos los tiempos. Esta literatura tiene calidad universal literaria en términos de estructura, lenguaje, estilo, emociones e ideas provocadas, que hace posible la capacidad de conectarse con cualquier lectore dispueste a hacerlo. Pero, como recalqué anteriormente, ante todo, este libro es para lectores que no sea necesario traducirles o explicarles nada, que se vean a sí mismes, o vean a sus compañeres de lucha o de fiestas en estas páginas. Tener la sensibilidad de entender la experiencia, el cuerpo, los sentimientos y los deseos de una persona trans, por ejemplo, no es la simpleza con que se dice un «hombre atrapado en cuerpo de mujer» o viceversa. Encontramos en los poemas de Daga Gautreaux y Ju Puello ideas muy claras de la disforia, de la realidad personal de le sere en un cuerpo ajeno. Estos cuerpos, de acuerdo con Judith Butler, [6] dejan de ser objeto pasivo y a través del lenguaje y su capacidad performativa del género, se convierten en sujeto transgresor.

El cuerpo de una mujer no le pertenece a ella en el mundo patriarcal que vivimos. Sabemos cómo el estado se apropia de él a través de leyes destinadas a mantener su jerarquía social. El cuerpo de la mujer negra está aún más oprimido.

Una vez que la mujer negra está consciente de la violencia o la indiferencia que sufre por simplemente existir, y decide rebelarse y liberarse, solo encontrará espacio en lo que llama Yuderkys Espinosa Miñoso, [7] el feminismo descolonial y cimarronaje. El feminismo[8] negro empieza a organizarse y concretizrse

---

[6] En esta página pueden encontrar una pequeña introducción a la filosofía de Butler. https://www.untref.edu.ar/mundountref/introduccion-teoria-judith-butler

con la publicacion del *Manifiesto Rio Combahee - Una declaración Negra feminista - abril de 1977. El manifiesto* aclara que la opresión de la mujer negra está interrelacionada[9] con su raza y con su clase, y por lo tanto su liberación difiere de la mujer blanca. En los años 90 escritoras como Nancy Morejon en Cuba y Mayra Santos Febres en Puerto Rico centralizan la experiencia de la negra caribeña en sus obras. Ochy Curiel y Espinosa Miñoso la diseminan en Rep. Dominicana y en Latinoamérica. El cimarronaje «como práctica de resistencia y como modo de hacer/vivir el mundo» (Espinosa Miñoso) es autogestional, independiente, irreverente, disidente; espacio que alberga muy adecuadamente al cuerpo LGBTQ+ negro porque los ideales, las normas, las practicas, son creadas a medidas de la necesidad del sujeto. Su existencia depende de su experiencia y percepción, y esta percepción va acorde con la de la comunidad, grupo o familia escogida en la cual se desenvuelve. Aunque es completamente una idea individual, no crea conflicto en el ser porque la comunidad ve la persona de la misma manera que se ve a sí misma, le permite ser su auténtico ser. Este ser puede ser feliz y pleno dentro de su espacio marginal, pero al salir de él, la lucha, el orgullo, la irreverencia y la indiferencia por la aceptación son los motivadores de su identidad, aceptación, respeto y felicidad. Mikaela Drullard, en su ensayo-memoria-poema catártico, «*La heterosexualidad es Colón: una escritura fugada de una exiliada política mestiza tercermundista afro-india descendiente migrante.*» desembucha todo su ser, sus rechazos, las ideologías heteronormativas y coloniales impuestas, para

---

[7] De por qué es necesario un feminismo descolonial, Icaria, 2022. En la revista en línea Pikara, Espinosa-Miñoso escribe un breve esbozo de su propuesta. https://www.pikaramagazine.com/2020/11/ breve-esbozo-sobrefeminismo-descolonialidad-y-cimarronaje/

[8] La filosofía o principio político del cimarronaje retoma la práctica de los negros esclavizados que se escapaban y formaban comunidades fuera del régimen colonial.

[9] Unos años más tarde, la afroamericana Kimberlé Crenshaw creó el término de la interseccionalidad al explicar cómo la interacción de factores sociales como etnia, raza, clase, geografía, edad, actúan simultáneamente en la mujer negra no solo para definir su experiencia, sino también para limitar su desarrollo. Aquí la definición del diccionario de Oxford: the interconnected nature of social categorizations such as race, class, and gender as they apply to a given individual or group, regarded as creating overlapping and interdependent systems of discrimination or disadvantage.

definirse como un ser sin definición individual sino colectivo, una identidad sin identidad, porque la identidad individual, es un concepto del europeo colonizador. Drullard es, lo que son todes en su grupo marginalizado: unas marikas-tercermundistas-migrantes criminales- travestis. Drullard, al igual que Carlos Decena en «Bautizo» y Zeno Peterson en «three sombra» tiene que crear su propio espacio y lenguaje, espacios que son siempre sujeto u objeto de violencia; agresión que puede dejar traumas individuales y generacionales, pero que a la vez deja une cimarrone libre. El ser (voz narrativa o poética), la persona (personaje) o le escritore, queda fragmentade, con huecos e intenta entenderse, aceptarse y amarse como tal en sus páginas.

Pájaros, lesbianas y *queers*... también es una antología híbrida-experimental bilingüe. Intenta registrar tendencias actuales de autores jóvenes influenciados por las redes sociales, la poesía «Spoken Word», géneros híbridos y experimentales, existentes en la isla y fuera de ella. Josefina Baez y Rita Indiana ya por varias décadas han creado obras que rompen con los estilos tradicionales de la literatura dominicana de la diáspora o hispana en general, pues sus personajes y situaciones por lo general se desenvuelven en mundos y espacios en constante transformación. Daga Gautreau y Jennifer M. Rodríguez son escritoras bilingües de la isla, representantes de una nueva generación expuesta a la globalización cultural que se asienta y florece en diversos campos como el educativo, turístico, empresarial, marketing y traducción en general. Y yo me pregunto, ¿hay espacio en las letras dominicanas para estes autores? ¿Qué institución cultural dominicana fomentaría este espacio literario bilingüe? Les demás contribuyentes bilingües han emigrado o nacido en los Estados Unidos y su bilingüismo es orgánico y natural, algunes con más dominio del inglés, pero otres como Sarahí Almonte, Gina Goyco y Crysbel «Mariposa» Tejada fluyen inherentemente en ambos idiomas. En esta antología el cerebro y la creatividad bilingüe son libres en este espacio bilingüe. De una manera muy personal, creo que el cerebro tiene su máximo potencial comunicativo bajo esas condiciones; la creatividad y la inspiración no están sujetas a reglas lingüísticas; el lenguaje es más fiel y realista, expresa exactamente lo que se siente o se piensa. Claro que el cerebro está entrenando a contextualizar y filtrar dependiendo del idioma, pero si se le deja libre de las cadenas gramaticales, tenemos el más cercano acercamiento de la comunicación y de la expresión. Es una particularidad del lenguaje que se debe respetar, reconocer y apoyar, de la misma manera que se reconocen y se respetan los regionalismos.

En definitiva, Pájaros, lesbianas y *queers*... ¡a volar! simplemente somos todes nosotres, todes les que necesitamos un espacio para ser, para escribir, para vivir. Si quisiera seguir soñando con mi mundo literario y mi mundo literal, estos serían como algunas de las propuestas aquí hechas, donde la libertad indiviual y colectiva es la misma, donde le ser humane es valorade y respetade con su multidimensional definición de identidad, dios, patria y lenguaje.

DIOS

La educación es, tal vez, la forma más alta de buscar a dios.

– GABRIELA MISTRAL

I love America more than any other country in the world and, exactly for this reason, I insist on the right to criticize her perpetually.

– JAMES BALDWIN

Himno Nacional Lésbico Dominicano

Yoseli Castillo Fuertes

Quisqueyanas lesbianas alcemos
nuestros gritos con furia y tesón
que se oigan en toda la Isla
las injusticias y la discriminación.

Compatriotas mostremos la cara
que fingimos ser libre y demás
si nuestros hijos, la tierra y el agua
de los gringos y europeos son ya.

Que es santuario de amor cada pecho
y con mi puro y gay corazón
de dominicana yo tengo el derecho
y no acepto terapia o perdón.

Y si pudo un Duarte "soltero"
por su patria morir y luchar
junto a Sánchez un valiente negro
¡Qué legado de hombría igualdad!

¡Libertad! Palabra en la Isla cargada
de dinero, posición y color
ya es hora que al ciudadano
le signifique derechos de amor.

¡Libertad! Es el respeto al humano
sea niña, niño o los dos
que el sexo o un género asignado
no define lo que es el amor.

¡Libertad! Seguiré proclamando
en mi tierra de Cristo y Changó
hasta que como pájaros libres volando
de la ley recibamos protección.

¡Libertad! Que las lesbianas se agiten
a luchar por nuestra patria igualdad
si Los Trinitarios desde arriba nos dictan:

¡Libertad! ¡Libertad! ¡Libertad!

¿Y e' fácil? Memorias de una madre lesbiana dominicana

Yoseli Castillo Fuertes

Yo siempre he querido ser madre, aun cuando mis clases universitarias de estudios de género me enseñaron cómo la sociedad patriarcal nos programa para tener hijos. Mi razón, que descubrí no mucho después, es mi familia. Somos una familia muy unida. Mis padres, especialmente mi madre, nos han demostrado tanto amor que yo quiero contribuir a su legado. Yo quiero ser una madre como Mami, quiero enseñarle a mi hija cómo ser, cómo amar, cómo disfrutar de la vida y cómo enfrentar los obstáculos que la vida nos propina. Ya que por lo general he tenido una vida buena, quiero regalar una buena vida también, y al igual que mis padres, haré todo lo posible para que mi hija disfrute, aprecie y agradezca su regalo.

La primera vez que recuerdo hablar de tener hijos yo tenía unos 5 o 6 años. La verdad es que recuerdo pocas cosas de mi niñez, pero esa conversación sí la recuerdo. Mami me la ha confirmado varias veces cuando, por alguna razón u otra, hablamos de mi maternidad o de religiosidad. Recuerdo que una tarde, ya bajado el sol, estaban Mami, Tía Isabelita y otra señora sentadas enfrente de la cocina en casa de mis tíos, casa que había sido de mis abuelos paternos antes de mudarse a Santo Domingo. La casa es una casona construida durante la Era de Trujillo, con madera de Trujillo, con zinc de Trujillo, clavos y pintura de Trujillo. Recuerdo que, en el techo de la habitación de mi prima, estaban inscritas las palabras «Era de Trujillo» con la tradicional palmita de la dictadura. Hace unos años visité la casa en busca de recuerdos y ahí estaban todavía, en la misma viga, desafiando al tiempo y confirmando un recuerdo infantil. Lo mejor de la casa eran la galería y el patio. La galería cubría todo el frente de la casa. Cuando visitaba, me encantaba sentarme en las mecedoras inmensas en la tarde; mecía el tiempo en mi mente, para adelante y para atrás, perdida en la magia de mi imaginación. Un inmenso patio rodeaba la casa. Para mí no tenía fin. El frente y toda la entrada hasta la casa siempre estaba verde, con la grama bien cortada y con muchas hojas en tiempos de otoño. La parte de atrás y un costado eran monte, áreas que necesitaban permiso para explorar. Muchas tardes después de la comida, cuando mi tía dormía su reglamentaria siesta, yo me escapaba a buscar naranjas, guamas, mangos, guayabas o lo que encontrara. Mi hermanita Fanny y mi primita Elizabeth eran más pequeñas y preferían dormir o jugar en sus habitaciones.

Esa tarde las tres estábamos jugando cerca de las mujeres. No recuerdo qué jugábamos pero paré y corrí hasta donde Mami y le dije que quería ser monja. Mami me dijo que si yo quería ser monja, no podía tener hijos. Le pregunté por qué y ella me dijo que las monjas no se casaban. Pues ya no quería ser monja le contesté. Tampoco sé de dónde me surgió esa idea porque todavía yo no había ingresado al Politécnico Femenino Mercedes Morel, colegio público dirigido por monjas de la congregación Ángeles Custodios. Quizás mi fascinación con las monjas me llegó a través de las novelas que a veces veíamos también en casa de mi tía en su televisor de baterías.

De niña yo tuve una buena dinámica familiar. Recuerdo una niñez feliz, aunque sufría por la falta de mis padres. Cuando ellos emigraron a Estados Unidos mi hermanita, mi hermanito y yo quedamos con tres familiares diferentes. Mis más claras memorias son en casa de los abuelos. Después de estar 4 años con una tía en la ciudad de La Vega, me enviaron al campo de nuevo con mi hermanita y primita a casa de mis tíos. Yo tenía juegos de cocina, muñecas y hasta un bebé muñeco muy popular en mi niñez llamado «Mi Nene», que Mami todavía conserva. También mi vecinita y yo jugábamos "al Papá y a la Mamá", un juego muy atrevido en el que a veces nos besábamos y nos tocábamos como se supone lo hacen las parejas. Aunque yo había asistido a varias bodas de tías, vecinos y amigos de la familia, yo no recuerdo nunca haber pensado en casarme. Ni de adolescente soñé con llevar vestido blanco del lado de un príncipe azul. Yo quería viajar, visitar esos mundos que veía en la televisión e imaginaba de las radionovelas; quería vivir aventuras, así como Kalimán, mi héroe radial favorito. Recuerdo una conversación con Papi, la primera vez que volvió a La República después de haber emigrado a los EE. UU. Yo tenía unos 12 o 13 años. Fuimos a una habitación. Nos sentamos en la cama. Él, muy serio, me dice que ya soy una señorita y que debo pensar en el futuro. Supongo que dijo muchas otras cosas, pero lo que recuerdo bien es que me preguntó cuando yo pensaba casarme. Yo, sin pensarlo, le dije que a los 18. Supongo que dije eso por lo que había visto a mi alrededor y en las novelas, pero tampoco volví a pensar en eso. Yo en verdad no conocía bien a Papi. Aunque hablábamos por teléfono algo así como una vez al mes, no lo había visto como en 5 años. Así que no tomé muy en serio su conversación tan seria.

De adolescente tuve noviecitos como la mayoría de mis amigas. De lo que estaba segura era que, aunque yo había sido muy curiosa sexualmente cuando niña, de adolescente no iba a hacer nada que me llevara a un embarazo. El miedo al castigo de Dios y a la vergüenza familiar me calmaba muy bien mis hormonas y mis travesuras, al punto que llegué a ser tímida y pariguaya cuando se trataba de novios. La verdad es que me metí mucho en la lectura, en mi escritura (escribía canciones y poemas) y en algunas actividades extracurriculares con las monjas. También vivía soñando despierta. Recuerdo que me pasaba horas muertas sola, imaginando la vida de mis padres en EE. UU., mi vida con ellos, viajando a los países y ciudades que leía en mis cuentos, como Grecia, Arabia y Venecia. Ser madre era algo lejano, primero mi educación, algo que Mami siempre recalcaba. Nos recordaba constantemente, especialmente a mí por ser la mayor, que el sacrificio de dejarnos a los tres en La República, en tres casas diferentes, sin podernos cuidar, era por nuestra educación, por un mejor futuro.

Ocho años después de Mami dejarnos en La República, llegamos los tres a Nueva York. Yo estaba a mediados del 4to de bachillerato. Yo quería volver a mi colegio, terminar e ir a la universidad allá. Claro que esos no eran los planes de mis padres. Después de varios meses de rebeldía tuve que resignarme a la idea de estudiar y prepararme aquí. Gracias a mi maestra de español en Liberty High School, Ms. Lisa Petrov, empecé a enamorarme de la Ciudad de Nueva York, de toda su cultura, sus edificios, bibliotecas, parques, cafés. Fue en ese primer año que empecé a descubrir mi sexualidad. Me enamoré de mi maestra, tenía sueños eróticos con hembras, y empecé a explorar mi sexualidad, al menos emocional y mentalmente. Ya con 17 años, también se agudiza el cuestionamiento familiar por los novios y planes para el futuro, especialmente porque yo estaba en el grupo juvenil católico Juventud Que Progresa (JQP). Siempre había jóvenes modelos que estaban comprometidos y se casaban por la iglesia. Para ese entonces, encontré mi respuesta a las inquisiciones de familiares y amigos: "Estoy enfocada en mi educación. No hay novios. Estoy enfocada en mi carrera. No hay novios. Estoy enfocada en mí misma. No en los novios."

A principios de los años 90 ingresé a la universidad, «salí del closet» y tuve mi primera relación que duró cuatro años. En mi segunda relación, y por estar expuesta a un grupo LGBT en la agencia comunitaria Alianza Dominicana[1] , empecé a pensar en la posibilidad de ser madre. De igual manera lo veía en un futuro. No tenía planes concretos pues no sentía que tenía mi vida realizada todavía. Había viajado y disfrutado un poco, pero todavía no me sentía tan madura como para tener mi propia familia. En el 1995, nace mi sobrino y en el 1996, mi primera sobrina. El nacimiento prematuro de mi sobrina me llenó de pánico. Su vida y la de mi hermana se vieron en peligro. Mi hermana y mi hermano, ambos menores que yo, ya tenían hijos y sus vidas cambiaron drásticamente. Ambos dejaron la universidad temporalmente y empezaron a trabajar. Yo no quería perder mi libertad de esa manera. A medida que mi sobrina crecía, yo quería ser cada vez más parte de su vida, y lo era. Me encantaba que la gente creyera que era mi hija cuando la sacaba a pasear. Hasta el día de hoy, no corrijo a nadie que lo crea pues ella es como mi hija. En el 97 o 98, gracias al grupo lésbico *Las hijas de la luna* que fundó Luisa Rondón y parte del programa Encuentro de Alianza Dominicana, participé en un taller sobre la maternidad de las lesbianas latinas. Por primera vez recibí información y escuché testimonios sobre las diferentes formas para una mujer embarazarse. Se habló de las diferentes formas de inseminación artificial, de donantes conocidos y desconocidos, de mujeres que tuvieron una aventura para quedar embarazadas, entre otras cosas que no recuerdo. Quedé mucho más clara y tranquila, pues si de algo estaba segura era que no quería acostarme con un hombre, ni siquiera para lograr mi sueño de ser madre.

Después de mi segunda relación, que duró 3 tres años, tuve varias cortas hasta que llegó J. en el 2003, con quien estuve casi ocho años. Desde el principio le comuniqué que quería hijos, especialmente una niña. Ya estaba en mis treintas y me había dado hasta los 35 para concretar mis planes maternales. Había dejado esta parte de mi vida al lado por mucho tiempo

---

[1] Alianza Dominicana Inc., fundada en 1989, ofrecía programas de cuidado infantil, juveniles, educación, cultura, recreación, artes, asistencia y prevención contra la violencia doméstica, VIH/SIDA, para los residentes del Alto Manhattan y El Bronx. Después de un escándalo fiscal en el 2011, la organización pasó a ser Alianza Dominicana Cultural Center dirigida por Catholic Charities con una programación cultural y artística únicamente.

y ya mi reloj biológico daba las últimas vueltas. Aunque ella nunca tuvo esos planes anteriormente, dijo que me apoyaría, que por primera vez en su vida se veía con su propia familia. Pero ese apoyo nunca se concretó. Según su criterio, no estábamos económicamente preparadas, necesitábamos una casa más grande, más estabilidad, menos compromisos sociales, etc. Siempre había algún impedimento cada vez que tocaba el tema. Aunque hubiera preferido ser madre en una relación, con una compañera, decidí que ya tenía que hacerlo sola. Esa no fue la única causa para terminar la relación, pues ya había muchas formas en las que no nos entendíamos. No tenía más tiempo. Estaba ya casi en los 40 y a esa edad se complicaba el proceso. Selección no tan natural

Gracias al tiempo en que vivimos, una lesbiana que quiera ser madre no tiene que casarse ni tener relaciones sexuales. Todavía hay las que lo hacen, pero ser madre soltera no es tan tabú como 50 años atrás. Conozco varias lesbianas dominicanas, mujeres que ahora tienen entre 50 y 70 años, que tuvieron que casarse para salir de sus casas o para tener sus hijos. No sé cómo se plantea la nueva generación de lesbianas dominicanas o las jóvenes *queers* en la isla este asunto de la maternidad lésbica. Por suerte aquí en EE. UU. hay varias opciones de inseminación que hasta los seguros médicos cubren.

En enero del 2012, un año después de haber terminado mi relación con J., decidí dar mis primeros pasos concretos para ser madre. Investigué todo lo que tenía que investigar legal y médicamente. Había mucha información. La clínica de fertilidad me dio un manual inmenso que la verdad me intimidó. ¡Pero si quedar embarazada no es tan complicado! Decidí hacerlo sin intervención médica. Tenía varias cosas claras: quería un donante conocido, no un padre, pero sí una persona que estuviera involucrada un poco en la vida de la niña. Quería que mi hija se pareciera a la familia, especialmente a mis sobrinas (ya para ese entonces tenía dos). Participé en seminarios en el LGBT Community Center en Manhattan, consulté abogados, me hice los exámenes debidos e investigué sobre los diferentes procedimientos de inseminación, compra y almacenamiento de esperma. La verdad que hacía todo con mucha seguridad y confianza, pero a la vez con mucha ansiedad. Tenía miedo y estaba emocionada a la vez. Hice todo esto sola. Nadie supo nunca nada.

Hice una lista de amigos que podrían ser candidatos y una de amigas que lo habían hecho anteriormente y podrían darme apoyo. La selección del donante no fue tan fácil como pensaba. Tenía varios candidatos entre mis amigos heterosexuales y gays, pero los iba descartando por diferentes razones. Algunas de las dudas que me surgieron fueron cómo sería la relación con los hijos propios de ellos; el estilo de vida que llevaban algunos no me agradaba o la relación que teníamos podría verse afectada por la nueva dinámica. Cuando repasé la lista de latinas lesbianas que lo habían hecho, en verdad no quise comunicarme con ellas. Me di cuenta que el racismo, tan arraigado en la latinidad, también persiste en mi comunidad LGBT. Hubo un tiempo en GALDE (Gay And Lesbian Dominican Empowerment)[2] que intenté investigar y conectar la identidad LGBT con la afro-dominicanidad pero no logré encontrar suficientes participantes que compartían mi teoría de que el activismo LGBTQ te predispone o puede influenciar la identidad negra. Encontré tantas lesbianas racistas como negros dominicanos en el armario, o en el caso de la mayoría, simplemente indiferentes a las condiciones de lo negros y las negras dominicanas. Las pocas madres lesbianas que conocía que se habían inseminado seleccionaron esperma de hombres blancos. Conocí una dominicana negra que, con permiso de su entonces pareja, tuvo un ligue de una noche con un turista italiano para embarazarse. Con mucho orgullo hablaba de su hija blanca. Otra amiga suramericana blanca buscó esperma anglosajón. En este caso la selección era más relevante porque ella era blanca, aunque por sus rasgos físicos, creo que también tenía ascendencia indígena.

Terminé preguntándole a Carlos López, un amigo gay, activista LGBTQ, quien en ese momento estaba en una relación de pareja por casi 20 años. Nos conocíamos por casi 10 años por nuestro trabajo voluntario en GALDE. Nuestra relación era de mucho respeto mutuo. No era mi amigo así de rumbear ni salir todo el tiempo. Sí habíamos compartido muchas veces en su casa o en uno que otro bar, pero no éramos íntimos. Le pude hablar muy objetivamente de mis planes y él estuvo de acuerdo. Llenaba todos los requisitos; inteligente, espiritual, honesto,

---

[2] GALDE, creada y liderada por Francisco Lazala, fue una organización LGBTQ dominicana que sirvió a la comunidad de Washington Heights y El Bronx entre 2001 y el 2013. Me incorporé a ella en el 2003 y hasta su clausura serví como voluntaria en varias posiciones.

muy unido a su familia, dominicano y negro; o como dicen, morenito, del color de mi hermano. Me orientó Tamara Czyzyk, una amiga que había conocido en Las "Buenas Amigas"[3] por varios años. Era estadounidense blanca que se había inseminado en su casa con su pareja y acababa de tener su hijo. Ella usó el esperma de un amigo negro afroamericano, pues quería que su hijo se pareciera a su compañera afrolatina.

Memoria de papel

Carlos y yo nos reunimos varias veces para aclarar bien nuestras expectativas. Cada encuentro me llenaba de ansiedad. Yo ensayaba varias veces lo que le iba a decir y anticipaba un montón de reacciones. Sólo el pensar en verlo me agitaba. Pensaba que quizás se iba arrepentir, que no aceptaría mis términos, que se sentiría sólo como una partícula biológica, de quien no se tomaba en cuenta el hombre, la persona. Siempre me ponía súper nerviosa. Yo tenía muy claro que yo tendría la custodia total de la bebé o del bebé. Tenía que recordarme a mí misma exactamente lo que quería, que no iba a volver a comprometer mis planes y no iba a ceder en ninguna de mis demandas. Ya lo había hecho con mi ex. Tenía que ser a mi manera o tendría que seguir buscando. No podía ceder en nada. Pero para mi sorpresa, lo único que le sorprendió, pues él no lo había tomado en cuenta, era lo del apellido. Supongo que, como hombre, aun siendo gay, nunca había cuestionado esa tradición patriarcal, algo que yo como feminista siempre he tenido muy pendiente por lo injusta que es. Aunque él sería el padre en el acta de nacimiento, la bebé tendría mis apellidos, Castillo Fuertes. Le tomó de sorpresa e intentó convencerme con lo del legado de su familia pues sería su hija o hijo, pero no cedí. Él no insistió porque se lo dejé muy claro. Esa parte era muy importante para mí porque evidenciaba la forma anti-patriarcal en que me convertiría en madre. Quería el apellido de mi madre, aun cuando fuera su apellido paterno. Con mi hija se rompía de cierta manera la tradición, pues tendría mis dos apellidos, ninguno del padre. Él sería parte de su vida, pero sin ningún derecho legal o ninguna responsabilidad, especialmente económica. Carlos es

---

[3] Las Buenas Amigas, primera organización de lesbianas latinas en la ciudad de Nueva York. Por casi 30 años la LBA proveyó un espacio libre del acoso heteromachista y patriarcal... Elizabeth Crespo-Kebler, Centro Journal Volume XXX Number II Summer 2018

médico y quería que estuviera seguro de que yo no lo escogí por su posición, sino por su carácter. Lo hablamos bien y quedamos claros. La verdad es que Carlos me sorprendió por resultar el «compañero» perfecto. Él estaba muy emocionado porque me confesó que, aunque no había hecho nada para ello, siempre había pensado y deseado ser padre también. En ese momento, él estaba espiritualmente muy centrado, así que estaba muy seguro. Estudiaba en un seminario luterano para convertirse en sacerdote. La verdad es que conectamos bien, confiamos tanto el uno del otro que empezamos la inseminación antes de firmar el contrato. Ya lo teníamos redactado con la abogada, pero faltaba firmarlo.

La inmaculada concepción

Esta parte fue muy difícil para mí, pero a la vez edificante. Mi situación ideal hubiera sido como la de mi amiga Tamara o como la había visto en películas como *If These Wall Could Talk 2*, donde tu pareja te ayuda, te apoya, comparte todas las dudas, incertidumbres, errores y hasta chistes. Pero no. Estaba sola. Tamara me orientó mucho, sí. Me aclaró muchas dudas del proceso, me recomendó las tiras de prueba de ovulación y de embarazo que ella usó, y hasta me regaló unos cuantos envases estériles para el semen que le habían quedado. Ella y Carlos eran los únicos que sabían que yo estaba en ese proceso. En ese entonces, como hacía unos meses que había terminado con J., vivía con mi hermana y la privacidad era escasa. Cuando me hacía las pruebas, me encerraba en el baño, cosa que no es común en nuestra familia. Generalmente la puerta está sin seguro sin importar qué hacemos. Cuando alguien tranca el baño, lo vemos como algo sospechoso. Y efectivamente, varias veces me tocó una de mis sobrinas, cuestionando mi necesidad de privacidad. Pero sobreviví y logré ocultar lo que estaba haciendo. Era hasta chistoso tener que esconder entre mi ropa todo mi equipo de ovulación e inseminación; tenía jeringas, envases estériles, un montón de tiras y hasta lubricante para la fertilidad. Mi sobrina mayor lo encontró un día y le inventé un cuento sobre un proyecto en GALDE.

Carlos y yo hablábamos ya muy naturalmente del proceso. Me sentía un poco incómoda y hasta avergonzada, pero hicimos un calendario con mi ciclo de ovulación así él sabía que no podía tener relaciones sexuales en esos días para maximizar el conteo de los espermatozoides. Yo me hacía la prueba de predicción y quedábamos en su casa. Suerte que su esposo nunca estuvo en casa. Eso nunca lo hablamos, pero creo que él lo arregló así para hacerme sentir más cómoda.

La primera vez fue la más desagradable. Fue una tarde de noviembre del 2012. Hablamos, nos tomamos una botella de vino con unas tapas de aceitunas, queso y galletas. No me hacía de la idea de tener que insertar semen en mi cuerpo. Me daba asco. Tenía que repetirme una y otra vez que era sólo un proceso biológico necesario, que tenía que superar mi repugnancia y ya completar esta etapa. Me alentó el pensar que Carlos era gay, que aunque fuera hombre no era un hombre sexual para mí, sino una persona, un amigo, que de ninguna manera me iba a hacer sentir incómoda sexualmente. Hubo un momento en que nos quedamos callados por un largo rato. Sólo escuchábamos música suave, blues y jazz, que mágicamente se escuchaba por todo el *penthouse*. ¡Le agradecí tanto en ese momento! Es que hizo todo lo que yo necesitaba, y no dijo nada que pudiera molestarme. Aunque pareciera que yo estaba en control de todo este proceso, él ahí tomó el control emocional de la situación.

Después de las copas y un poco más relajados, Carlos me mostró una de las habitaciones de visita y me preguntó si necesitaba una computadora para estimularme. Yo le dije que con mi teléfono tenía. Me puse cómoda en la cama, mirando al techo, tratando de calmar mis nervios. No quería pensar en lo que él estaba mirando o haciendo. Irónicamente, recé. Le pedí a Dios que me calmara, que ayudará a que todo saliera bien. Me puse a mirar los cuadros en la pared, el gavetero y las fotos encima de él, las cortinas, la ventana, las paredes, la puerta, todo lo que estaba en el cuarto para calmarme un poco. Lo último que vi, y a mis espaldas, fue un Cristo Crucificado en la pared del espaldar. Lo tomé como buena señal. Luego tomé el celular y empecé a ver porno. Eso siempre me estimula. Ya cuando sentí mi vagmiel[4] escurrirse y humedecer mi labia, empecé a estimular mi clítoris suavemente. No quería llegar al orgasmo mucho antes que él me trajera el esperma así que paré y tomé una pequeña pausa. La verdad no sé exactamente cuánto tiempo tardó pero fue entre 15 a 20 minutos. Cuando lo oí acercarse a la puerta, ya estaba lista. Su porte seguía tranquilo, como si él hubiera hecho esto

[4] El flujo vaginal debido a la estimulación sexual o eyaculación femenina no tiene nombre. Yo lo llamo vagmiel, en inglés y en español.

anteriormente, como si fuera una visita rutinaria de un paciente que a la vez es un familiar. Cuando me lo dio, no sentí lo que yo creía iba a sentir, un envase tibio y asqueroso. No. Sólo sentí el frío estéril del plástico. No quise analizarlo mucho porque me daría náuseas, así que rápidamente cogí la jeringa y saqué el líquido. Pensé que iba a ser más de lo que en realidad fue. Tenía la página web abierta con las instrucciones, posición y pasos a seguir después de la inseminación. La verdad es que no tenía que repasarlas. Lo hice. Me recosté de nuevo, miré al Cristo de nuevo, acomodé mis caderas sobre una almohada, me bajé los pantalones, respiré profundo, y de una, sin titubear, inserté el tubo y presioné el émbolo. No sentí nada más que el suave frío del cilindro. Creí que sentiría el líquido invasor como lo había imaginado, incómodo, irritante. Pero no. Nada raro. Ni siquiera me lo imaginé en mis adentros. Solo sentí un poco de frío y me abracé. Me sentí sola, pero a la vez fuerte, decidida. Lloré. Me calmé. Di gracias. Me quedé inmóvil en la cama por un largo rato, mirando al techo, soñando con la carita de una niña que me abría los brazos. Unos 10 minutos más tarde. Carlos tocó la puerta. «¿Ya?» Me preguntó. Le dije que pasara. Tomé su mano y lo atraje hacia mí. Todavía con las manos entrelazadas se recostó a mi lado en silencio. Después de un rato, él oró un poco, y luego hablamos; hablamos mucho, como nunca antes, compartimos cómo nos sentíamos en ese momento, de nuestras esperanzas y nuestros miedos.

Girlhood

Tábitha Alfaro

They call it girlhood
The fifty shades of purple and red
Interchanging
Luminescent
“The colours of you”
That’s what they say
What are the dreams that hold your heart?

No longer will they take part
Expect to remain complacent
To the ignorance of their hate
To others never prate
Through your teeth you'll have to lie
Because the truth others won't like
And as you grow
And as they go
All that's left of you to remain
Will be insecurities
And disdain
But that's okay

Because that's just girlhood.

La africana indiana o el sueño fugaz

Emir Cruz-Fernandez

En la rocosa montaña,
desde aquel autobús sin paradas,
vi el perfil de una africana.
Sorprendida me miraba;
mucho transmitía,
pero nada me decía.
Boquiabierto de asombro
oí gritos silenciosos
que de mi alma provenían;
Era ella quien me llamaba,
era ella quien decía:
"Soy el rostro en la montaña,
soy sombras con forma humana".

En coro, un dionisíaco Febo le respondía:
"Soy el sol tras las montañas,
es mi reflejo tras las colinas".
Creo que no era yo quien pensaba,
era Morfeo quien por mí
hablaba, gesticulaba y dormía…

En la rocosa montaña
Vi el perfil de una africana
que de nostalgia lloraba;
Aquel sol del Lejano Oriente
sus lágrimas enjugaba.
Quizás era por Iraq
por quien lloraba.
En su agrietado rostro
en un instante vi el pasado de Mongolia,
Persia y la India antigua.

En la rocosa montaña
Vi a una mujer caribeña
que con peculiar acento
silenciosamente hablaba.
Sin articular palabra

de realidades eternas
sabiamente me contaba.
Era el rostro de mi abuela Ernestina
el que en la gran roca veía;
sorprendida me miraba
y con rotundo desdén ignorarme parecía.

¿Ignoraba a mi padre acaso?
¿Ignoraba a su antigua estirpe
por los colonizadores antaño robada?
¿Frustrada, acaso, por su árbol genealógico talado
y desarraigado del continente africano?
Su original lengua y religión
para siempre perdidas.
"¿Por qué me rechaza, abuela querida,
si soy prole directa de tu propio ser?
¿Por qué me persigue hasta la India?
¿Será que me reprocha por buscarla
en tierra para Ud. y sus ancestros extraña?"

Su silencio fue más profundo que el abismo de la muerte.
Sentí —no sé por qué— congoja y soledad;
profunda soledad.

En la rocosa montaña,
sobre el perfil africano,
Febo colocaba un manto de color anaranjado;
sobre su cumbre hermosa
suavemente lo extendió,
de inmediato, el semblante de mi abuela
sutilmente varió.

La guagua, de repente, dio un giro;
ella, en lecho y milenaria almohada su cabeza recostó,
despertando sueños salpicados
en la curiosa alma mía;
su perfil mutable amé;
su amada imagen deseé en mis recuerdos
preservar, mas mi memoria,
boquiabierta de asombro
ha olvidado
ese sueño fugaz.

Así existes

Emir Cruz-Fernandez

En mis frecuentes sueños fortuitos
visito tu vigilia serena,
remoloneo contigo en aquel lecho
y en un instante, junto a ti,
la Vida se revela.
Anhela el dios antiguo que re-inventó
que junto a ti me quede
vivenciando un eterno presente
en aquella, tu casa, en Medio Oriente.

Y así, Mohammed, existes:
en la realidad onírica de mis días.
Así vives: en el guiño de una lejana estrella,
en la tierna acaricia de la luna llena,
en el cuchicheo que agua lluvia al caer;
en las miradas risueñas que me ven
sin nada morboso pretender.

En mis sueños fortuitos te veo a ti,
chiquillo risueño de ojos estrellados;
sonrisa del aljófar y fábula
que despiertas recuerdos y sentimientos
dormidos de antaño.
Tu voz, sin que sepas, chasquea
las tablas de mis vértebras,
tu mirada taladra los bosques de mis esquemas.
Me desnudo ante mi estoico —el que invento—:
soñador, apasionado y bohemio,
con la esperanza de cada día aquí verte
tangible, firme, enamorado y valiente

Y así, Mohammed, existes:
en la proyección ficticia de fáciles y futuros días.
Así vives: en el tambor del trueno en la tormenta,
en la polifonía nocturna
que en Sana'a me alegra,

en la esperanza inquieta que mi ser manifiesta
y en la nostalgia que a diario en mí se despierta.

Así te miro:
aventurero, valiente y atrevido;
peregrino apasionado en el sendero de la Vida,
marchando en pos de un horizonte poblado
de llamas
que ilumina tus ávidos ojos de oriente.
Así te sueño:
Explorador travieso;
marinero improvisado
en la mar de tus faenas.

Así te miro;
así te quiero;
así te sueño.
Así te invento.

Feto adulto

Emir Cruz-Fernandez

Soy laico profano de todas las religiones,
Evolución peculiar de una oruga social y desacondicionada
que se transformó en lagartija ágil y juguetona
y no en mariposa delicada y temerosa.

Soy el temor de mi pasado,
manifestación inimaginable
de lo que otro yo evitó ser; relámpago
relumbrón que dividió el firmamento de mi existencia
sin dejar rastro ni secuela.

Soy feto adulto
Incapaz de alimentarse
del líquido amniótico yermo de mi madre;
animalillo de rara especie soy,
que cobijo cálido infructuosamente busca.

Fui trueno, después fui eco y ahora no tengo ni voz soy;
no lamento ser quien fui ni quien soy:
Quien fui, fui;
quien soy, soy.

Bautizo

Carlos Ulises Decena

Juana (digo, Ulises) tiene problema de peso. Ve una Coca-Cola y el azúcar se le va a la cola. Fue de vaca lechera, vaca cualquiera, a pichón de maco en los primeros seis meses de venir a vivir con nosotros. No era que la loca estuviese metida de cabeza en la nevera (era yo la de los bizcochos fuera de hora, los chicharrones con tostones, las alitas con picante, la agonía con la comida china). Ulises comía bien y, aún llevada a su máxima expresión vacuna, esa mujert era una cura. Pero el asunto de que estaba gorda, golda, goida volvía, como disco rayado, a su conversación.

¿La primera semana? Libros van y libros vienen. Poco a poco, se veía menos pared, menos suelo, menos techo. Apenas entraba luz por la ventana. No había espadas ni bananas todavía, solo Juana transada en la lectura, entre la cama y la pared.

Una semana después, Juana llegó, llegaron dos cajas más de libros, y llegó la Yiyi.

Este pedacito no me gusta porque la tipeja no me cayó bien. Es chiquita, morenita, y se cree la gran vainita. Yo se lo he dicho a Ulises, que en Santo Domingo una mujer así no pasa de grillo de cuneta vieja. Kri kri. Kri kri. Grillo, con brillo, da grillo. Pero Juana la trajo y como esa era *su* habitación, allá él con su chopa.

No me gustó el nombre de draga, y a esa le faltaba mucho más que otra «yi» para darle por los talones a la única Yiyiyi que ha valido la pena. No me gustó aquel pelo mal teñido de rubio, rizado, y sufriendo una sobrepoblación de horquetillas. ¡Hasta yo recorto mejor que la que agarró a ésta! Pero lo más desconcertante de todo era oír a esta morenita de Villa Juana salir con que «no espikin espanis» cuando nos presentaron. ¿No espiki espanis, mai lov? ¡Pliiis! Ya preparaba yo la sugerencia de que fuera adonde Zoilo, el peluquero de la esquina, a abrir ese expediente cabelludo. Casi se lo dije in espanis. Pero, cuando ella me salió con ese inglis-onli, a mí se me salió un «¡¿Qué?!» como se le sale a uno la mierda cuando se tira un peo teniendo diarrea. Casi como en los muñequitos, cuando el gato que persigue a tuiti se topa con el buldog. Por suerte, la Yiyi estaba tan enfocada en

Juana que no se dio cuenta de que a mí casi se me caen todos los féferes de la cara.

Por esos días nos visitó Sergio, uno de los amigos de Santo Domingo que venían a pasear (bueno, Sergio venía más a saquear las naininain y a llevar a cabo un censo anal). Ése era otro que vivía diciendo que estaba gordo, pero yo no veía a dónde se iba la grasa. Mientras más viejo se ponía, más tíguere tenía atrás. Una vez los bacanales entre él, Indira y el pueblo se celebraron (digo, una vez suficiente leche corrió por Central Park y me llenó la casa de disparates para sobrinos que se inventó), la loca salió a flote, dejó al aire acariciar sus orificios recién masajeados, y pidió que le presentásemos a Ulises.

Poco después del «hola,» Ulises tocó el tema que las unió esa tarde: la gordura.

—Ay, mija, yo tengo la mima preocupación. Lo bueno e que por lo meno en el caso de esto chicho —dijo Sergio con un Brugal en la mano izquierda, irretorcible meñique erecto y agarrando con su otra mano la llanta de grasa del lado derecho de, su cintura. Yo llego a lo nuebayore como Charityn: MI PÚBLICO: ¡WAO!

—Eso e lo que yo odio ma deta maricona. Puede andá como una bolita y lo jevo quieren con ella—señaló Indira mientras agarraba mi vaso y caminaba hacia la cocina, lista para prepararme otro petacaso.

—También creo que tiene que ver un poco con el autoestima— musitó Juana, filosófica.

Cambiamos de tema. No era momento para filosofía ni terapias de autoayuda. Esto era plepla taim. Y yo no opiné porque ya estaba harto de esas conversaciones y la gordura mía no tiene remedio. Cuando tenga los chelitos, me grapo el fokin estómago, me hago una lipo biónica, me arreglo los diente y a acabar con medio mundo de lo muñeca que me voy a ponert. Pero lo tengo callaíto pa que caigan MUERTAS toítas cuando vean el extrim meikove que me voy a hacert.

Seguimos con le cuá cuá cuá y sonó el timbre. Juana estaba esperando a alguien, se paró y abrió la puerta. La enana entra al escenario con unos pantalones de léder puestos. Un potecito negro de esmalte de uñas, era lo que parecía. La Yiyi se disculpa con Juana, diciendo que acababa de llegar del salón. Yo decidí entonces no mirar ni a Sergio ni a Indira, aunque oí a ésta última tragar aire, como a punto de decir algo. Estábamos pensando lo mismo las tres: los moños de Yiyi tenían tiempo sin ver peine. La engañaron.

—¿Sou uat did dei du tu iú? —preguntó Ulises.

A Sergio se le salió un leve ronquido. No me miren, pensaba yo, que si me río esta tipa me va a odiar. Una cosa es que me caiga mal. Otra que yo sea indecente.

La enana explicó que le habían cortado las puntas y le habían puesto más tinte rubio. La verdad es que para su estilo, se notaba un leve cambio. Pasaron cinco segundos en lo que ella daba la vuelta para que Ulises admirara el daño que le hicieron. Sergio, Indira y yo estábamos rígidos, suficientemente ocupados con no mirarnos. Ulises finalmente la presentó y logramos saludar sin explotar de risa. Por suerte, una vez Indira le había preparado su trago, ambos se despidieron y se metieron a la habitación de Juana.

—Tengo como tres día queriendo sentarme con ustede pa contarle lo que me pasó la otra noche —dijo Sergio. Pero, entre Ramiro trabajando y tú, Indira, caminando perro…

—Eso e un trabajo también, sucia.

—Uareber. Entre el trabajo de las do y mis compra, no he tenido chance de contar na. ¿Tú te acuerda del rubio de seis pie que conocí en la barra Sein?

—Etimamo un pie má de güevo —dijo Indira, dirigiéndose a mí. ¿Salió así?

—No llegué a confirmá ese detalle. Ante de tú ite, te dije que estaba medio mala del estómago. El tíguere me salió con "les go joum." Nos montamo en un taxi y nos fuimos por la ochenta. Un riquito. Me sobaba la pierna y yo, bueno, medio con náusea, pero con la esperanza de que por lo meno se me pare. Me gustaba el tipo. El bildin tenía portero. Tuve que firmar abajo. Llegamo y había vista de la ciudad desde todas las habitaciones.

Me pregunta si quiero algo y le digo que sí, un agua de soda para calmar el estómago. En lo que va y viene del barcito al lado de la cocina, viene un gato de eso de angora hacia mí.

—Y te degaritate ahí mismo —dije.

—No. Aunque no me gustan los gato, no iba a hace chou por eso. Vuelve el tipo con un vaso de soda y un trocito de limón. Lo cojo, bebo un poquito, pero todavía toy medio mareá. Me pregunta qué me gusta hace y le digo, "depend." Agarra mi mano derecha y la pone en su nalga. Aprieto. Me besa, siento el olor a un jabón de vainilla, y el estómago se me revoltea otra vez. Abro los ojo en lo que él me baja la bragueta con una mano. Veo al gato.

—¿Cómo se llamaba el gato?

—George. George me mira mientra que el jevo va metiéndome la mano en el pantalón. Me aparto un poquito porque la mirada del gato es como de celo y noto que el tipo respira hondo, como desencantao.

—Eso te pasa po ta acotándote con blanco —dijo Indira. Eperan la tercera pierna y cuando le sale eta con un güevito tamaño biberón de kabech pach, se encojonan.

—Ubícate, esta niña, que yo hago maravilla con mi güevito. Por eso e que vuelven. El hecho e que lo veo como desencantao por uno o dos segundo y le pregunto que si puede poner el gato en otro sitio. No me guta que me miren los animale cuando rapo. Me recuerda a los caballo de la hacienda de papi cuando yo iba a mamárselo a los peone. La loca parece que lleva una conversación consigo misma de si le entro o no le entro en lo que yo le pido que saque al cat. Se empieza a quitar la ropa mientras yo me volteo y tomo otro sorbito de agua, rezándole a las mil vírgene pa que se me quede parao. Cuando termino el agua y miro pa donde taba el tipo, esos sei pie de hombre tan en cuatro, culo arriba, esperando leñé, ñángala fuángala.

—Pero te bucó un banquito pa gaviate, observó Indira.

Esa pájara si es mala, pensé.

Cuá, cuá, cuá, Indira y yo.

—¡Cállate, maricona! Y tú, déjate del coro con Indira o no termino.

Nos calmamos.

—Pues —agregó Sergio con súbito dejo de resignación—. Me bajo los pantalone y me hago un chin la paja pa ve si se me para. Mientras tanto la otra se abre el culo, se lambe un deo y se lo mete por ahí y dice "fok mi, papi." Hizo sonido que parecían que lo aprendió viendo película porno. Yo loca pero no etúpida, saco el condón que llevo en el bultico mío y me paro porque me siento que me toy por rebalá. En ese momento, oigo a la otra que dice "fok mi ro, papi." ¿Ro? Yo no sabía que había otro tíguere aquí. O habrá oído mal cuando le dije que mi nombre era Sergio. "Ecuse mi?" "Sin condoun, plis."

—Ahí si te fuite, loca —dije yo.

—Ya me iba, ecepto que me entró una náusea cuando veo que el gato tá abajo del sofá donde el tipo tá en cuatro. El gato me miraba como quien dice atrévete, hija e tu maldita mai. Yo miro del gato al ojo el culo pelú y lleno e baba y siento el sabor del guacamole que había cenao.

—¡Epérate, eta niña! —interrumpió Indira—. A ti e la loca a la que ma le guta mamá un culo. Será ano baboso despué de que tú le dite lengua, pero no ante. Esa náusea, ¿de dónde salió?

—Me puse a ligá. Coño, a eta maricona no se le va una. Digamo que parte de la baba era mía.

—¿Y entonce? —pregunté yo.

—Me fui en vómito. De ahí salió el guacamole que Indira y yo nos habíamo comío ante de i a Sein y el mondongo del medio día. No lo pude controlar y lo único que alcancé a oír fue el miau de George. Cuando logré enfocarme de nuevo en lo que tenía en frente, el culo del jevo, la mitad del sofá, la alfombra y todo el gato estaban cubiertos.

Aquí hubo que parar porque las risitas que habían salpicado el monólogo de Sergio se hicieron carcajadas. También se habían acabado los tragos. Indira se paró a preparar más. Juana salió curiosa por la risa, y le dijimos que el cuento era muy largo y que le contábamos luego. En lo que ella y la Yiyi salían y se despedían, Indira trajo los tragos nuevos.

—Pero ella te puso a limpiar por lo meno, porque me hacen eso a mí y yo tiro a cualquiera por una ventana.

—Él estaba en shock, pero si ustede supieran, no se encojonó ni por lo del gato. Me dijo que iba al baño y que me sentara a calmar el estómago si no me sentía bien. Yo me subí mis pantalone y empecé a tentarme por todo lado a ver si los vómito me habían caído encima. Nada. Limpiecita. Dos o tres minutos pasaron y el tipo, que finalmente me llamó orita y me dijo que se llamaba Esteven, vuelve con dos toallas húmedas: una me la da a mí y con la otra agarra a George y lo empieza a limpia mientra le susurraba algo al oído. Le digo que el gato quedó como para llevarlo directamente al pet saikik. Me pregunta que si quiero algún medicamento, que él tiene algo para el estómago y digo que no, que disculpe por el desastre pero que me debo ir. Me dice "dat japen; no big dial."

—¿Cuándo pasó todo esto?

—Hace tre o cuatro día. Hace un ratico me llamó por el celular a ver cómo estaba. No recordaba que habíamo intercambiado teléfono de lo arrebatá que taba. Después que le digo que mejor, me dice que quería que no juntemo.

—¡¿Cómo?! —irrumpimos Indira y yo como coro griego, al unísono, de la sorpresa.

—Pa que sepan.

—Esa vaina e mentira —sugirió Indira. Tú tá haciendo el cuento pa que digan que aun borracha tienes tus encanto.

—No me crean si no quieren, pero ¿qué gano yo con invéntame un cuento donde yo le vomito encima a un tíguere?

—También es verdá, dije.

—E má —dijo Sergio sacándose el celular del bolsillo mientras ponía su trago en la mesita de noche al lado del sofá donde estaba sentado—. Miren el teléfono del tipo ahí.

Indira y yo miramos y había un número con el nombre de Stephen algo.

—Bueno, termina el cuento —dije. ¿Vas a juntarte con él?

—Le dije que me diera unos día para recuperarme y le expliqué lo de la ligadera de comida y bebida. Pero despué de lo que pasó, no entiendo por qué quiere verme de nuevo.

—De repente quiere llevate a su habitación a que vomite ahí.

A mí se me sale un cuá, pero Sergio nos corta los ojos a Indira y a mí.

—Con el vajo que tiene que haber quedado ahí, lo más seguro tuvo que buscarse tres o cuatro gente pa limpiar —dije, tratando de evitar que Sergio fuera a agarrar el bate o palo más cercano para darnos a Indira y a mí.

—A mí tampoco se me va a quita fácilmente la imagen del gato cubierto e vómito.

—George —dijo Indira. Por lo meno cuando salite de ahí ya sabía el nombre del gato.

Elle Femme

Reinaldo del Orbe

Sinopsis

"En el interior de una habitación, dos seres que se aman con locura han escogido el odio mutuo como cordura, y la distancia para poner fin a sus violencias. Una noche, después de herirse y luego de curarse las heridas, decidieron buscar un remedio a su enfermedad… El olvido.

"Elle Femme" nos narra todas las vicisitudes y desavenencias de una relación antes de terminar. Contada desde los últimos ciclos previos al olvido, como la violencia y el dolor. Dos personajes nos narrarán todas las excusas que buscan las parejas para hacer los momentos de dolor aún más dolorosos, y los violentos aún más violentos, aunque recuerdan que siempre está la opción de alcanzar el perdón.

MOMENTO I

Sueño

Elle: ¡Escóndete, que vienen los cuervos!

Femme: No le tengo miedo a los cuervos. No comprendo cómo la gente los confunde con las alimañas que surcan el cielo mientras duermes.

Elle: Ya sabes lo que dice el dicho: "cría cuervos que te sacarán los ojos".

Femme: Un amigo me dijo una vez algo parecido, creo que era: "Cría críos, que te sacarán los demonios". Por eso nunca se casó, no quería ver su casa llena de críos vestidos de cuervos, que luego con los años cubrirían sus cuerpos con hermosos velos para llorar la voz de la nodriza que se ha apagado. ¡Qué hermoso me ha quedado! Lo he dicho en verso sin ningún esfuerzo. No comprendo si lo he inventado ahora mismo, o simplemente estoy repitiendo una frase alguna vez leída. No me preguntes si leo, ya hemos hablado del tema. En fin, no le tengo miedo a los cuervos.

Elle: ¿Acaso tienes complejos de espantapájaros?

Femme: ¿Qué dices? Si los cuervos no son pájaros.

Elle: ¿Ah no? Entonces... ¿Qué son los cuervos a tu parecer, porque si no son pájaros qué serían?

Femme: Te confundes, verás... Los pájaros son manchas en el cielo.

Elle: ¿Y los cuervos?

Femme: ¡Los cuervos son el insomnio de la noche!

Elle: ¿Acaso tiene la noche problemas para dormir?

Femme: No exactamente. O al menos, no lo sé. Para tener un ápice de sinceridad, nunca se lo he preguntado, y aunque lo haga no creo que me conteste.

Elle: ¿Por qué no ha de contestarte la noche? En fin, amas a sus cuervos.

Femme: Los cuervos no son hijos de la noche, son hijos de la oscuridad.

Elle: ¿No sería esto lo mismo?

Femme: No, porque la noche es oscura, pero la oscuridad en sí misma no encierra la noche. Por ejemplo, la noche llega cuando se oculta el ojo del padre, dejándose seducir por los fríos vientos que viajan del sur al norte, y de alguna manera olvidan el azul de sus acuarelas, entonces se torna la panza de la casa de un solo color que no existe, un color ausente. Nace ella de sus propias sombras, y se mezcla con la pureza y maleza del mundo, nace la noche. Como comprenderás, la oscuridad es otra cosa, porque existe incluso en el día.

Elle y Femme se miran, no se miran, se tocan, no se tocan, el escenario se vuelve más obscuro.

Femme: ¿Me ves, me oyes, me sientes?

Elle: ¿Me quieres ver, escuchar, sentir?

Femme: Sí, sí, sí.

Elle: Entonces, tócame, tócame, tócame.

Femme: No, y por favor paremos la conversación.

Elle: Está bien. Pero quiero que sepas, que pienso que tu discurso no tuvo ni pie ni cabeza.

MOMENTO II

Sueño - fase REM

Femme: La última vez que dormí, recuerdo entrar en estado somnoliento una madrugada de túneles. Un parque me ofreció sus espaldas para descansar. Creo que aquella mañana no podía dormir, no yo, sino la mañana. Porque en la mañana duermen las mañanas y en las noches duermen las noches. Quizás le habían robado la cuna que tenía guardada en la luna, o quizás el exceso de ruido de coches distraía su sueño mientras dormía. Ruido en las calles, en las aceras, en los juncos de árboles, en las salivas de cielo, en el granizo que cae, en las paredes de la ciudad, demasiado ruido para que pueda dormir la mañana. Demasiado ruido, y yo no escuchaba nada. *(Pausa. Reflexiona)* Creo que por eso sus vientos eran tan sonámbulos, chocaban entre sí como golpes en diatriba. Pero recordé luego que la mañana es sabia, y no sufre de cólera. Es demasiado esquiciosa en las lisonjas de sus palíndromos.

Elle: ¿Qué pasó entonces con la mañana?

Femme: Se cortó.

Elle: ¿Cómo así?

Femme: Es que desayunó un día completo con un vaso de leche del seno de la luna para menguar sus úlceras. Olvidó que es intolerante a la lactosa, y ahora tiene llagas. Se escondieron en sus intersticios ¿No notas lo agrio que está el día?

Elle: Un poco.

Femme: Luego la mañana se enfermó más, y terminó vomitando estados. Vomitó en menguante y en creciente.

Elle: ¿No vomitó llenos y nuevos?

Femme: Por suerte que no, pues esto hubiera sido una afrenta demasiado grande para la luna. Sólo se ofendió un poco, digamos que a media asta. Entonces la Astriflamante fue capaz de perdonar, aunque nunca volvieron a estar juntas.

Elle: ¿Cómo así?

Femme: ¿No notas que la mañana y la luna sólo se saludan a distancia? Pasan un breve momento juntas, lo suficiente como para un "hola" y un "adiós".

Elle: ¿Cómo tú y yo?

Femme: No me lo recuerdes más.

Elle: ¿Por qué ignoras el tema?

Femme: ¿Cómo pretendes que hable de nosotras cuando aún no nos conocemos lo suficiente? Creo que tu primer apellido es incoherencia.

Elle: Realmente no te conozco nada.

Femme: Porque no has querido.

Elle: Porque no me has dejado.

Femme: Porque no me lo has permitido.

Elle: ¿Te sientes sola? ¿Tienes ganas de que nos conozcamos?

Femme: ¿Por primera vez?

Elle: Por primera vez, por segunda vez, por tercera o por las veces que sea. Conozcámonos nuevamente, al final nunca nos hemos conocido, así que vale la pena volverlo a intentar.

MOMENTO III

Disomnia

Elle: Fue demasiado doloroso llegar hasta aquí, pero al final ha valido la pena, pues aprendí a leerte a pesar que no sabes escribir.

Femme: Conozco perfectamente el correcto uso de las comas, puntos y acentos.

Elle: Entonces acentúame el corazón de una estocada.

Femme: Nunca quisiste enseñarme.

Elle: Te enseñe todo lo que sé, siempre quise que aprendieras a escribir.

Femme: Creo que hiciste demasiado.

Elle: También lo creo yo. Hice todo lo que pude. Quise poder con todas mis fuerzas, pero mis fuerzas no me dieron. ¿De quién es la culpa tuya o mía, mía o tuya? Deja ya de rebajarme.

Femme: Basta. *(Gritando. Casi como un chillido).*

Elle: Yo no te conozco.

Femme: Yo tampoco.

Elle: ¿Entonces porque hablas como si me conocieras?

Femme: Porque han pasado cosas.

Elle: Entre tú y yo no existe un pasado.

Femme: Más que un pasado, es lo que ha pasado.

Elle: Aquí no ha pasado nada. El que quiere pecar recordando cosas que no existen que guarde silencio. *(Pausa)* ¿La voz que describe la situación, es tu voz?

Femme: ¡Cómo me gustaría, pero la voz del poeta aún yace en extraños lugares inhóspitos, lugares que aunque conocidos, no son descubiertos! El poeta es mudo, aún no tiene voz, pero te dice: CALLA.

Elle: Me hubiera gustado tenerte entre mis piernas y saciar mi sed.

Femme: ¿Qué te parece si nos tomamos y luego nos chupamos?

Elle: Me voy a robar un beso mío, antes de que sea tuyo.

Femme: Róbate mis labios si quieres y muerde mi lengua.

Elle: Delicioso sabor a menta en tus jardines de eucalipto.

Femme: Todo el mundo sabe que no tomo alcohol, pero no lo digas.

(Femme y Elle se tocan sin querer por primera vez en el escenario. Ambas habían olvidado lo bien que se sentían juntas tras tanto tiempo sembrando distancia y cosechando soledades.)

Elle: Antes de las 24 horas, hubo 23 en las cuales perdí la oportunidad de conocerte.

Femme: Antes de conocerte no existían en mí las horas. Invítame un café.

Elle: Con una condición

Femme: ¿Cuál?

Elle: Tutéame.

MOMENTO IV

Primera Cita

Femme: Lo que más me molesta, es que no me dijiste qué tipo de café te gusta, porque como comprenderás no tengo el don de la clarividencia. Corto, largo, con leche, sin leche.

Elle: ¿No crees que hubiese sido más delicado preguntarme antes de ordenar?

Femme: Cuando dos personas se conocen, al menos uno disimula, y se toma las cosas en serio aunque disfrazado de falsedad. Como tú, que te tomas este café a pesar que no te gusta. Yo pudiese haber hecho lo mismo, pero soy muy pasional como para engañarme. Falsos principios por dejarme seducir.

Elle: No creas que volveré a caer en ese juego.

Femme: ¿Cuál juego? Me confundes, pues te acabo de conocer.

Elle: No te conozco. Incluso ni siquiera sabes dónde está mi voz.

Femme: ¿Quieres decir que no conozco nada sobre ti?

Elle: Exacto.

Femme: ¿Entonces todo este tiempo ha sido en vano?

Elle: Deja de reprocharme. No te debo nada, porque no me has dado nada. Yo sí te di todo lo que pude, o mejor dicho todo lo que pensé darte alguna vez. Pero no puedo conjugar en pasado ningún verbo mientras hablo contigo.

Femme: Te di un vaso de agua y no fuiste de capaz de crear una tormenta.

Elle: Te di un soplo de viento y no fuiste capaz de romper con sus brazos las olas de mar, inútil.

Femme: ¡Te lancé una piedra y no fuiste capaz de transformarla en una estrella fugaz!

Elle: Te regalé mi entrepierna y no fuiste capaz de perderte entre sus laberintos, parásito. Te di una corteza y no creaste carreteras entre sus ramas, idiota. Hice lloviznar sobre tu cabeza lágrimas de nubes y no te interesó bailar en sus granizos, te di una danza nocturna y no dormiste entre sus hojas, te di una selva y no bramaste junto a la tierra, te di mi caparazón para que lo conviertas en mil caracolas pero te contagiaste de costumbres oceánicas, te hice mil llamadas perdidas y no quisiste contestarme. Imbécil.

Femme: Lo que más me duele es pensar que puedes tener razón.

Elle: ¿Aún quieres conocerme?

Femme: No de esa manera.

Elle: Sonríes en el alma, pero sonreír no siempre significa que eres feliz, a veces solo quiere decir que eres fuerte. Déjame curarte las heridas.

MOMENTO V

Primera pelea

Femme: No me toques.

Elle: Juro que no te tocaré nunca más en tu vida. *(Pausa)* Habla, ¿Por qué no quieres hablar? Justamente ahora que te doy el chance, que me abro en ti, ante ti, junto a toda al pelotón de ojos que observan mudos. He decidido por primera vez en mi vida escucharte, tengo la disponibilidad para dejarme seducir por tus encantos, con mi conciencia aferrada a la decisión de dejarme envolver por el rayo de maldiciones que sale de tu boca cuando te sientes vulnerable, con ganas de dejarme contaminar por tus fuerzas. *(Pausa)* Hoy no quieres hablar. El domingo pasado tampoco.

Femme: No me interesa que hablemos cuando quieras que hable, me interesa que hablemos cuando tengamos que hablar, cuando surja, que me permitas expresarme sin necesidad de insultos ni atropellos. Yo no te pido ni un trozo de luna, sólo te pido que me escuches. Nadie tiene que pensar por mí, no me interesa que cuando quiera hablar tú interpretes lo que quiero decir y pretendas haberlo adivinado, pues aunque no he dicho nada, tú crees que lo he dicho todo. Te diré algo… ¡Cuando calles, y el silencio se resbale impávido en los ángulos de las baldosas contentas de humedad, entonces querré hablar!

NO MOMENTO

Femme: Me voy.

Elle: *(Agarrando a Femme)* No te vayas.

Femme: ¿Por qué los personajes de esta obra no hacen el amor?

Elle: Porque tiene miedo.

Femme: ¿Miedo a qué?

Elle: Miedo a conocerse.

MOMENTO VI

Dopamina

Femme: Hola, ¿Cómo estás? ¿Te conozco?

Elle: No. Hace rato me invitaste un café, luego hiciste una tormenta hasta convertirla en estrella fugaz.

Femme: Lo recuerdo, fue entonces cuando con tus brazos golpeaste las olas del mar para perderse en los laberintos de mi entrepierna.

Elle: Bailamos sobre el granizo, protegimos nuestros corazones con nuestra armaduras…

Femme: Bailamos sobre las hojas.

Elle: Pisamos la hierba.

Femme: Deshojamos girasoles.

Elle: Hablamos, comimos, bailamos, jugamos.

Femme y Elle: Y contestamos nuestras llamadas perdidas *(Risas). (Pausa). (Serenidad) (Dulzura)*

Elle: Te quiero idiota, porque jugamos como absurdos.

Femme: ¿Me quieres, pero si no me conoces?

Elle: A veces no hay que conocer tanto, para querer. "Tal como un día oí decir, que es mejor para convivir, comprender más y amarse menos".

Femme: No comprendo.

Elle: Te cuento. En mi vida hubo gente que estuvo ahí desde el inicio de mis tiempos. Cuando pensaba que el chocolate era leche sucia, y el televisor la caja que hacía a los seres humanos más pequeños. Siempre deambulamos por los mismos caminos, aprendimos a leer y escribir juntos, no obstante siempre nos ignoramos. ¿Por qué? No lo sé. Sin embargo resulta curioso que hubo gente que llegó a mi vida de repente. "Gente que marcó una huella en el camino del caminante, y en cada huella un poema de amor en su corazón". Gente que vino y se quedó para siempre.

Femme: No comprendo.

Elle: ¿Qué no comprendes? ¿A la vida o a la gente?

Femme: Hablo de sentido común y tacto social. Hubo gente que llegó a tu vida, pero por lo visto no tienes vida, o al menos no una digna de ser contada, al menos eso creo, por lo poco que te conozco es lo que puedo deducir. ¿O será que tienes miedo a contarme sobre ti?

Elle: No me conoces. *(Colérica)*

Femme: Prosigo *(indiferente)* Gente que dejó un poema en tu corazón. Me extraña que digas que no sé de literatura, pues creo que hablas con demasiado recelo de poemas. Al parecer sin darme cuenta he viajado dejando marcas, lástima que esas huellas estén en un playa de emociones a merced de ser borradas por el viento y su marea. Pero nadie deja una huella sin conocer a su modelo. Además, ¿Qué tipo de gente deja huella en desconocidos?

Elle: Gente como tú. *(Desgarradora).*

NO MOMENTO

Elle: Creo que me he enamorado de un ser perverso y desalmado. Pero a ese ser, le fue peor.

Femme: ¿Por qué?

Elle: Se enamoró de mí.

Femme: Me voy.

Elle: Lo bueno de ir al infierno, es saber que te voy a encontrar allí cuando vaya.

Femme: Hablas de la palabra "allí" como si se tratara de un lugar que ya conoces.

Elle: Claro que la conozco, si vivo contigo.

Femme: Me voy.

Elle: No te vayas. *(Agarra a Femme por la cintura y la tira contra el suelo, ambas luchan salvajemente como dos mujeres enfurecidas hasta que quedar son sus ropajes destruidos, destruidos y manchados de sangre, casi son los pechos al aire).*

MOMENTO VII

Otra estúpida pelea y una maldita declaración de amor

Femme: Es que siempre tienes que arruinarlo todo.

Elle: ¿Todo? No hables tonterías, tú y yo hemos estado hablando por poco tiempo. ¿Te atreves a decir que lo arruino todo? Ni siquiera me conoces lo suficiente como para decir eso. No me conoces, ¿Acaso compartimos algo? Entre tú y yo todo es diferente, de lo único que podemos hablar es de literatura, al menos de mi parte, porque tú no puedes hablar de nada, eres como una tinaja vacía abandonada en un campo donde hace 7 años que no llueve, y aunque un Dios se apiade del barro que guarda recuerdos, por la grieta del fondo fluctúa cualquier cosa que ose entrar.

Femme: ¿Qué?

Elle: Ah, perdón… Se me olvidaba que no sabes lo que es una metáfora. Quiero decir que eres un ser vacío, hueco por dentro, con una cabeza de adorno y un verbo descompuesto. ¿No te das cuenta? ¿Qué sentido tiene conocerte si al final no tienes nada que aportar a mi vida?

Femme: ¿Entonces no tengo nada que aportar?

Elle: No

Femme: Me voy.

Elle: Vete si quieres, aprenderé a vivir sin ti.

Femme: Me haces daño.

Femme se siente vulnerable. Es la primera vez que amenaza con irse y no se va, pues es la primera vez que no se escucha de Elle la respuesta que generalmente ésta le dice. Elle le entrega un libro a Femme, ésta lo hojea.

Elle: ¿Entonces, ya que has leído mis textos, puedes decirme qué piensas de mis escritos?

Femme: Pienso en son todos iguales, y que en ninguno de ellos hablan los personajes, sólo habla el autor a través de ello. Dígase, que el autor tiene un discurso y utiliza sus personajes para darlo a conocer. En resumen, los personajes del autor no tienen vida, sino más bien que el autor es quien tiene vida a través de los personajes.

Elle: Eso se llama literatura contemporánea.

Femme: ¿Contemporáneo? Creo que contemporáneo es la palabra cliché que utilizas para justificar tus improperios literarios.

Elle: *(Colérica)* No, lo que pasa es que estas vestida de estupidez, y la imbecilidad de tu cerebro no te deja ver más allá. *(Ahorcando a Femme)*¿Crees que es fácil escribir de esa manera? Es una obra de teatro, ¿Qué pretendes? ¿Ponerle todo en bandeja de plata? En mis obras no todos los personajes tienen una misma psicología, tampoco les implanto mi psicología a los personajes. Yo tengo un verbo excelente, y no una creatividad limitada como pretendes insinuar. ¿Sabes? Te equivocas, eres un ser estúpido, imbécil. Eres el cero que ha crecido torcido, la estrella fugaz que no ilumina el cielo, el viento que se desvanece hasta convertirse un simple soplo. Y ni se te ocurra pedirme que esta noche te toque, porque realmente no te pienso tocar por primera vez en mi vida. Tu cerebro es demasiado básico, ¿Comprendes? Demasiado básico. Imbécil *(La suelta)*

Femme: Yo sólo quise opinar no ofender.

Elle: Claro que sí que si quisiste ofender, no me tomes por un ser que no piensa.

Femme: Yo solo… Te esfuerzas mucho en que te conozca, pero yo…

Elle: ¿Tú qué? Ni tan interesante que seas como para tener algo que aportar, después de todo duermes con el analfabetismo

literario, y al despertar aparte de que roncas, pactas con la mediocridad.

Femme:¿Si no sé nada de literatura, entonces que haces leyéndome?

Elle: Porque aprendí a leerte a pesar que no sabes escribir.

Femme: *(Toma al Femme por el cuello y la lanza al suelo. Le pisa el pecho con su pie)* Ahora sí que de verdad estoy empezando a conocerte. No se te ocurra volver a pensar por mí, porque no te daré otro chance. Yo tengo un cerebro, una tinaja vacía como tú dices pero es mí tinaja vacía. Si supieras las oportunidades que perdiste conmigo por pretender saber lo que quiero decir, las veces que empecé de forma artificial para terminar en hermosas y naturales formas de tocarte y hacerte el amor, pero tú lo estropeaste todo porque siempre crees saber cómo va esto a terminar, siempre piensas lo que voy a decir, y basta. Creo que aquí, se acabaron las metáforas.

Elle desde el suelo empieza a reír. Femme se irrita en demasía.

Femme: Basta.

Elle: *(Tratando de contener la risa)* Si sabes tanto de literatura, ¿podrías decirme cuales son las cinco vocales?

Femme: La “a”, es una “o” que se sorprendió demasiado, o quizás un ojo de luna. La “u” es una “o” abortada. La “e”, es una “a” sin zapatos. La “n” es una “u” al revés que sufre de vértigo. La “m” son dos “nn” que sufren de vértigo y caminan cogidas de la mano. La “i” es un mosquito con patas de coloso. La “X”, son dos “i” borrachas abrazándose. La @ es una “a” imitando caracolas. La “Z” es una “S” que de tanto hacer ejercicio se le puso dura la espalda, la “b”, es una “L” que de tanto beber le creció barriga, la “C” es una O que no ha encontrado su media naranja, la “F” es una “l” con un saludo militar, la “P” es una vieja grande y larga con hidrocefalia, la “W” es el símbolo de paz, que encontró su alma gemela, y ambos decidieron torcer sus vidas porque eran disidentes sexuales. Las 5 vocales son los 5 dedos del abecedario, el alfabeto es la huella anónima del hombre, las letras son las ramas de un árbol podrido y el abecedario es lo que no separa. – Se serena – Tú, eres el signo de exclamación perfecto para entonar el mejor de los versos, yo soy el punto negro de la inútil página en blanco. Ríos de tinta sobre el papel, chamuscones de humedad, ríos de tinta, nada escrito sobre el papel, salvo el punto solitario. Nosotros somos partes de un mismo libro, tú el prólogo, la introducción, el cuerpo y el final, y yo sólo un epílogo que el escritor dejó vacío porque perdió la memoria. Nunca fui tocado por la punta de la pluma. *(Pausa)* ¿Para qué enfrentarse a lo que los psicólogos llaman catarsis? Huir no es siempre de cobardes, aunque es menos liberador, pero da una falsa paz más dulce que cualquier guerra.

MOMENTO IIX

Ahora soy yo quien no quiere perdonar

Elle: *(Amargada, tímida)* Lo siento es lo que quiero decir en estos momentos, pero no puedo.

Femme: No digas lo siento, porque sé que no lo dices de corazón. He empezado a conocerte.

Elle: Cómo me gustaría que empezaras a leer mis líneas con todos sus suspensivos, y que no obviaras lo que está en comillas y subrayado. Es sólo que quiero que aprendas recursos ortográficos, para no adivinar tus pensamientos entre garabatos.

Femme: Perdona, perdóname una y mil veces, y de nuevo te pido perdón. Pero tienes demasiada tontería a tu alrededor.

Elle: Por favor, no estropees el momento queriendo empezar con discursos que ofendan al poeta.

Femme: No. No es eso. Es que no te has dado cuenta.

Elle: ¿Cómo he de darme cuenta de algo que no sé? ¿Te conozco acaso?

Femme: Ahí el detalle. Quieres que aprenda a diferenciar la luz del sonido, la noche de las sombras, la materia de la energía. Pero no te has dado cuenta de la diferencia que existe en lo que se dice y lo que se quiere decir.

Elle: No comprendo. ¿Cómo he de comprender? No te conozco lo suficiente.

Femme: Me conoces más de lo que me conozco.

Elle: ¿Por qué lo dices?

Femme: Porque ves en mí aquello que yo no puedo ver.

Elle: No digas eso, tengo la certeza que si continúas te pondrás a llorar.

Femme: No. Esta vez no. Juro que no. Todas las otras veces sí, pero esta vez no.

Elle: Toma este libro, léelo y mañana hablamos. Hoy ya no podemos, tenemos mucha tensión, sólo nos haremos daño.

Femme: No. Quiero decirte algo antes de despedirnos.

Elle: ¿No puedes esperar hasta mañana?

Femme: Temo que si espero hasta mañana puede ser que no tengamos oportunidad de despedirnos y decir adiós.

Elle: Calla, me estás asustando.

Femme: Mañana, no sé si te vuelva a ver, ni siquiera sé si te pueda encontrar.

Elle: Entonces habla.

Femme: ¿Sabes por qué no se de letras? Porque quise que me enseñaras tú. Tuve ganas de regalarte una estrella fugaz, y la luna, y luego nada más, porque todo lo otro eres tú. Me fijé solo en lo bello del mundo, me fijé solo en ti, porque eres lo único bello que he encontrado. Nunca tuve ganas de aprender literatura y ninguna de sus ramas acuñadas a la poesía o al teatro, porque todo me lo enseñarás tú. Quise vencer el miedo a que me toquen, al cambio de la cotidianidad, a mis muecas, para mí ganar esas batallas siempre fue causa importante. Pero nunca quise vencer la dejadez de rozar con mis manos las páginas de un libro, porque eso me enseñarías a vencerlo tú. Quise descubrir el placer de beso, de una caricia y luego nada más, porque todo lo demás lo descubriría contigo, nunca quise aprender a declamar correctamente un poema, porque tú serías quien administraría mi aire para que no sucumba mi voz, nunca quise descubrir nada porque todo, y si faltara algo me lo enseñarás tú. Tú por mí, en mí, para mí, por mi, y yo por ti, en ti, para ti y por ti.

Elle: Basta, yo nunca prometí esas cosas. ¿Ves lo que te digo? Me haces daño.

Femme: No haces falta que prometas nada, me lo dijiste con tus miradas.

Elle: Silencio. No me conoces.

Femme: Te conozco más de lo que piensas. Y si fueras tan adicta a la literatura como dices, has de conocer el dicho: "Un amigo te conoce más que tú mismo, porque es el espejo que refleja lo que eres".

Elle: Conozco bien esa frase.

Femme: Claro que la conoces. Me la he inventado yo. ¿Ves que tanto me conoces? Más de lo que piensas. Dime, ¿quieres que deje de fumar? Pídemelo.

Elle: No, si quieres dejar el cigarrillo será por tu cuenta, yo no quiero que luego digas que por mi culpa dejaste de fumar.

Femme: ¿Ves lo que te digo? Me conoces, pero ignoras conocerme, porque sabes muy bien que con el hecho de decirte que me pidas dejar el cigarrillo, simplemente te estoy pidiendo que te involucres más conmigo, y que cuando sienta ganas de fumar, me abraces, luego me beses tiernamente como al principio, y me hagas el amor.

Elle: Basta, yo nunca prometí esas cosas.

Femme: Te repito que lo dijiste con tus miradas.

Elle: Me voy. Me voy. Me voy.

Femme: ¿Para dónde?

Elle: Para el público.

NO MOMENTO

Como dos imbéciles Dummies, nerd, o cualquier otra cosa que se le parezca filosofando para un público que no sabe nada de teatro.

Femme: Ay cariño, por si no te has dado cuenta esta obra desde el principio hasta el final está concebida a lo clásico, eso quiere que el público no puede ser parte del espectáculo, porque si no sería tatatatán, contemporáneo. Y tú y yo sabemos muy bien que el autor de esta obra no se lleva muy bien con el término.

Elle: ¿Y si esto no es tatatatán, contemporáneo, entonces qué es?

Femme: Híbrido.

Elle: ¿Y eso qué es?

Femme: No lo sé pero la posmodernidad lo permite todo.

Elle: ¿Y por qué?

Femme: Porque la noche es oscura, pero la oscuridad en sí misma no encierra la noche.

Elle: ¿Y eso no es un texto de la primera escena?

Femme: Sí, pero igual me gustó como quedaba y quise decirlo igualmente.

Elle: Oye, ¿Y no te gustaría preguntarle al público si alguno de ellos es tatatatán, contemporáneo?

Femme: No, porque igual empiezan a contármelo como si me importara mucho su respuesta.

MOMENTO IX

Golpe de realidad

Elle: Ya sé a quién fue que se le ocurrió la estúpida idea de seguir juntas después de tanto daño.

Femme: ¿A quién?

Elle: A la Perestroika, o la poesía gorda de infidelidades.

Femme: ¿Qué es ese tal Perestroika, o poesía gorda de no sé qué?

Elle: Mi próximo montaje.

NO MOMENTO

Elle: Yo me imagino al público con esta autopromoción. Se dicen tocan la frente con la mano derecha y dicen para sí: "Dios mío, no volveré a ver otra obra de este grupo, si no me paro y me voy es por respeto.

Femme: Esto es una ofensa al teatro.

MOMENTO X

Otro intento de despedida

Elle: Voy a escribir una obra al respecto.

Femme: Si te atrevas a escribir una obra mal de mí, haré una hablando mal de ti.

Elle: No tienes el valor suficiente para hacerlo. Además, no sé si te has dado cuenta, que ya te he dedicado dos. Anda escribe, me gustaría ver cómo puedes escribir sin reconocer el recurso de las metáforas. Además por si no te has dado cuenta la metáfora aquí, somos tú y yo.

MOMENTO XI

El regreso de quien nunca partió

Elle: Así me gusta. Veo que estás aprendiendo a escribir.

Femme: Claro, después que me alejé de ti fue todo tan extraño, pues realmente como tomé la decisión de no conocerte, se ha sumergido en mí un pájaro que enarbola una explosión. Escribo noche y día, a cada instante. Llego a puntos tales, que me dicen pluma, porque siempre escribo. Contigo fue todo un desierto donde solo había flores secas. Ahora puedo decir que tengo vida.

Elle: Me gusta lo que dices. Por mi parte también estoy conforme. ¿Me piensas?

Femme: Cada vez menos. Ayer por ejemplo pensé en ti. Cerré mis ojos para retener tu recuerdo en mi cárcel, pero se escapó cual prisionero de mis pupilas. Aun así no sentí dolor, creo que empiezo a escuchar mi mente y obviar el corazón.

Elle: El hecho de que niegues tener un corazón, no quiere decir que no lo tengas.

Femme: ¿Crees que algún día podamos conocernos? Digo yo, desde el principio nuevamente. A decir verdad solo lo pregunto por curiosidad, porque no me interesa. Pero no cuesta nada preguntar. Además, ambos estamos mejor sin conocernos.

Elle: Tengo esperanza de que algún día alcancemos el perdón. Esta esperanza se ha creado en base a emociones, y no por eso deja de ser válida y sin razón. Una cosa, solo por mera curiosidad, ya que hemos decidido olvidarnos mutuamente, dime ¿Cómo me recuerdas?

Femme: Tu recuerdo es cárcel y prisionero al mismo tiempo.

Elle: ¿Entonces me recuerdas?

Femme: Sí, pero que te recuerde no quiere decir necesariamente que quiera volver a estar contigo. Incluso cuando estuve contigo te olvidé, solo me acuerdo de tu nombre cuando veo pasar las estrellas con tu huella, sin poder obviar lo triste, lo dulce, lo bueno y lo malo que viví contigo.

Elle: Por un momento pensé en llevarte la contraria, pero mejor te mando al diablo. Discúlpame abeja, creo que te confundí con una mosca. Dicen que la curiosidad mató al gato, pero a otros le destroza el corazón.

Femme: Deja de decir tonterías. El diablo es la metáfora más inmortal de la maldad humana, si quieres mandarme al diablo, simplemente enfréntame, al final tu distancia y tus ganas de alejarte de mí cuando más te necesitaba, el poco recelo con el que me cuidaste, y las ganas con la cual me abandonaste cual cola de cigarrillo en cualquier cloaca, eso es una actitud diabólica, tú eres el diablo.

Elle: Cada vez que quiero acércame a ti, me dices tu típica frase…

Femme: No me toques.

Elle: A eso me refiero. ¿Crees que para mí ha sido fácil?

Femme: ¿Qué cosa?

Elle: Saludar con un beso en la mejilla a quien te comiste hasta con pan. De ahora en adelante, sacaré una bolsa de basura a cada pensamiento tuyo.

Femme: Para mí tampoco ha sido fácil, dormir en la cama sin nadie que me dé un abrazo, sin nadie que me acurre en las frías noches, y que me bese en las madrugadas. Para mí no ha sido fácil no querer conocerte todo este tiempo. Pero tú lo has querido así, yo lo he querido así. Creo que somos iguales, así que no me juzgues, porque puedo ser el reflejo de tu rostro que se esconde en nuestro tacto, pero ten cuidado, que si miras el agua, esta puede quebrarse y romper tu visión.

Elle: Calla, mejor vete a desmenuzar libros sin estrategias para ser declamados.

Femme: ¿Qué? Hazme el favor, si me vas a venir con más metáforas puedes írtelas guardando. No me gustan las palabras enredadas, por eso me las peino antes de ponérmelas. Principalmente antes de irme a dormir.

Elle: ¿Cada qué tanto duermes?

Femme: Cada vez que recuerdo que nací sin ningún adhesivo, y que no necesito de nadie para dormitar. Además siempre tengo ayuda de la luna, pues ella abre su ojo para observarme. Honestamente, prefiero estar a ciegas de su panorama, pues me cohíbe sentir que soy su centro de atracción, pero en la vida hay que hacer sacrificios, de todas formas siento que es más poético así.

Elle: ¿Pretendes seguir hablando de poesía sin saber de literatura?

Femme: ¿Es necesario que sigamos hablando de esto?

Elle: Sí.

Femme: ¿Cuándo?

Elle: Ahora mismo.

NO MOMENTO

Femme: Amor. Amor es aparecerme en la noche con un pica pollo chino y una coca cola: Amor, te traje algo de cenar. Eso es amor, y también pobreza.

Elle: ¿Cuándo será que mi corazón dejará de palpitar en tu nombre, cuando?

Femme: Sea lo que sea esta esto que ha ocurrido, para bien o para mal, lleva tu nombre.

Elle: El olvido empieza la primera vez que eres capaz de responder al silencio con silencio.

Femme: —Eres hermosa. —Eres el primero que me lo dice. —Soy la única que lo sabe.

Elle: ¿Por qué hay personas que entran a tu corazón sólo para revolver lo que tanto trabajo te costó ordenar?

Femme: Quizás por la distancia no coincidimos en las horas de sueño, pero sí en las de los insomnios.

Elle: Nuestra separación no nos doliera tanto, de no habernos alegrado de ella.

Femme: Algunas veces, cuando te deshojas, sin que te des cuenta, lluevo.

Elle: No porque me ignores voy a desaparecer. Créeme.

Femme: Te quiero a mi lado, y encima también.

Elle: Aquellos que dicen que no se puede volar, seguramente no han sujetado tu mano.

Femme: Aquí se te extraña hasta que yo lo quiera.

Elle: Siempre serás parte de la herida, pero no del dolor.

Femme: Amarte es la segunda cosa que mejor me ha pasado. Olvidarte es la primera.

Elle: Eres ese error que volvería a cometer, porque de todas las inseguridades te prefiero a ti.

Femme: No hay peor combinación que una buena memoria y un corazón roto.

Elle: Amor mío, cúbrete las indirectas, se te nota a quien no puedes olvidar.

Femme: Rompí un silencio y por desgracia tú estabas dentro.

Elle: Mentiste. Dijiste que sería como si nunca te hubieras ido. Pero te fuiste…

Femme: Su único defecto era no ver mis virtudes. Pero con eso bastó…

Elle: Juro que si vuelvo a sentir otra mariposa en el estómago, empiezo a beberme el Baygon.

Femme: Te guardé la cintura tibia, amor. Ven a cenar.

Elle: Cuando pienso que no puede haber nada peor que tu ausencia, te apareces.

Femme: Te perdí la confianza y espero no encontrarla nunca.

Elle: Llamé tu atención y se mudó a mi casa.

Femme: Palíndromo homosexual: Amo la paloma.

Elle: Yo sí creo en el destino, porque me da como cosita pensar que alguien como yo es culpable de lo que nos pasó.

Femme: Hubo un tiempo en el que éramos felices, ¿Y después? Después nos conocimos.

Elle: Lo bueno de esta mudanza es que empaqué el corazón y dejé los recuerdos.

Femme: Somos esa historia que leería mil veces solo para ver si el final decide cambiar.

Elle: Todo lo que me gusta es ilegal, engorda o está amando a otra.

Femme: Hay personas que te abren el corazón sólo para ver si caben en él y total, que ni se quedan.

Elle: En mi defensa puedo decir que tú me olvidaste primero.

Femme: Me dueles aquí, justo donde lates.

Elle: Te juro que mi amor por ti no está muerto, sólo cambió de cama.

Femme: Sácame de tu vida con otro amor si eso quieres, pero de donde nunca podrás sacarme es de tu soledad.

Elle: Hay relaciones que la lluvia, les provoca hacer el amor; a nosotros, sólo nos hacía quitar la ropa del tendedero.

Femme: No debí echar raíces en ti, pero inevitablemente ahí están.

Elle: No te atrevas a ponerte en mi lugar, no te atrevas a medirme el corazón.

Femme: Te extraño tanto que si estuvieras aquí, seguiría extrañándote.

Elle: No estoy, salí a buscarme.

Femme: Artista: significa que haces arte no que lo ensucias.

Elle y Femme: Lo peor de terminar una relación no es el dolor, sino que nos convertimos la una para la otra en aquello que tanto odiamos, dos desconocidas. ¿Te conozco? No.

MOMENTO XII

Otro maldito final feliz.

Elle: Quisiera por un instante, olvidarme de todo y conocerte.

Femme: Quisiera que nunca nos hayamos conocidos, así tendríamos la oportunidad de conocernos nuevamente. Llegué aquí con la mente en otros mundos, con una cabeza llena de sueños, pero como dice Calderón de la Barca: Los sueños, sueños son. Nunca quise despertar.

Elle: Quise despertarte muchas veces, te toque, te anime a que te levantaras y te dieras cuenta que eres artista como yo, que juntos podemos acabar con el mundo y rehacerlo nuevamente sin que nadie se entere, pero preferiste dormir. Dormiste tanto que tus laureles fueron los laberintos que mi alma no pudo descifrar, los códigos que nunca encontré, la red que nunca pude trepar.

Femme: Estoy despierto por ti y para ti.

Elle: Es demasiado tarde.

Femme: ¿Por qué?

Elle: Ahora soy yo quien duerme. Duermo porque intenté olvidarte, te juro que lo he hecho mil veces. Te olvido cada día, pero aun así siento que te conozco tanto, pero tanto, que cuando pienso no sé si deduzco conclusiones propias o robadas de ti. Me gustaría conocerte.

Femme: Yo te conocí demasiado. Tanto, que me vierto en ti, y otras veces lluevo.

Elle: No puedo evitar sentir ganas de darte un abrazo y conocerte. No puedo evitar querer tocarte sin que me digas que no te toque, no puedo evitar que seamos uno, no puedo evitar sentir nostalgia.

Femme: ¿Y que si anidamos nostalgia? Lo que no puede hacer es quedarse.

Elle: Que se quede para siempre si eso te trae de vuelta, a pesar que nunca has estado aquí, pero al menos que estés a mi lado, y que nos acostemos tarde, declamando hermosos poemas, y diciéndonos al oído palabras que no pueden ser pronunciadas en un escenario.

Femme: Quiero volver a eso. Pero no quiero. Prefiero que continuemos sin recordar que una vez nos conocimos.

Elle: Entonces no te conozco, no me conoces. Olvidemos el pasado.

Femme: ¿Qué hacer con los recuerdos de aquellas cosas que no funcionaron?

Elle: Es difícil de decir, pero no quiero borrarte.

Femme: Borrar es dibujar sin memoria, y tu memoria encerradas en bibliotecas funciona perfectamente. Solo le hace falta leer algunas novelas rosas.

Elle: ¿Entonces?

Femme: Me muero porque me hagas daño nuevamente. Tengo miedo, pero no puedo resistirme a que me toques.

Elle: ¿Por qué nos olvidamos si nuestros recuerdos son lo único que nos queda?

Femme: ¿Por qué empeñarnos en odiarnos cuando realmente el recuerdo de nuestro amor es tan fuerte que aún vibra en cada latido de nuestras miradas?

Elle: ¿Por qué perdernos en gente que no nos encuentra, cuando ambos ya nos encontramos hace tanto tiempo?

Femme: ¿Por qué perdernos, porque no amarnos, porque simplemente no darnos un abrazo aunque nuevamente nos partamos el corazón?

Elle: Quiero que rompas mi armadura con tus besos.

Femme: Tócame, tócame.

Elle: Mátame, destroza mis libros si quieres, pero no me olvides, quédate junto a mí, pero que esta vez sea para siempre.

Elle y Femme: ¿Por qué un adiós tan frio, cuando tantas veces ardimos diciéndonos TE AMO? *(Se desnudan los senos, se los besan).*

TELÓN

Poemas entretareas para Biglove

Yuderkys Espinosa-Miñoso

Recibo su foto
donde me mira con esos ojos
que llegan con un mensaje.
oculto a su lectura
en el instante que los veo
reconozco
ellos traen algo más
como un ahora de otro tiempo
presente aquí
donde tiempo y experiencia se confunden

Dispuestos para mi -esos ojos
se revelan
con claves que me han sido dadas
antes de su aparición, antes de que me miraran
antes de que la imaginara siquiera
antes que supiera
qué me era dado descifrar

Poemas entretareas para Biglove III

Yuderkys Espinosa-Miñoso

(después de una introducción rápida a la obra de Cassavetes)
(después de contarnos historias de amor fallidas)

Me habla de Gloria, la de Cassavetes
yo ignorante, escucho con atención
apenas comprendo lo que me habla
pero no importa
dejo la información entrar directo a mis neuronas
sin procesar sé que algún día estaré aquí
en repetición aparente de lo mismo
la comprensión me será dada

Al amanecer voy a la lectura compartida
esperando encontrar las claves del mensaje.
El texto escrito -como el oral-
está en un idioma que no comprendo
y pido al traductor de la Red que me ayude
entonces leo
"las personas que mataron a tus padres son mis amigos"

Una mujer blanca ruega a un niño negro alejarse
reconoce ser peligro
pero el niño no la suelta
"se aferra" a la amiga de su desgracia
el niño se aferra porque cree
es de confiar, quien te advierte de sí mismo
y así - concluye el texto-
el corazón del peligro "comienza a derretirse"
la vulnerabilidad se aferra a lo que la hace vulnerable
y con ello, a veces, introduce la sorpresa
la afectación ocurre en ambas direcciones

han de ser las cosas de otra forma de lo que han sido
el rio no choca dos veces con la misma piedra
la piedra es otra en cada choque
el rio también
-aunque sea rio, aunque sea piedra-

Pienso en ella a la noche
y le pregunto:
¿Si mi aferro a ti, derretiré tu corazón?
Pero se la respuesta antes que la pregunta fuera enunciada:
Un corazón aferrado solo se derrite si está dispuesto
dispuesto el rio, dispuesta la piedra
cantan una canción de amor
el amor les transforma

Lo Que Me Pusieron en la Carta

Stella Estrella

The year was 2011, the month was June, and it was two weeks before prom, the Spring Musical and High School graduation. The only thing on my teenage mind was finding the perfect prom dress, getting my harmonies tuned up, and most importantly, getting to finally move away from my mother by the end of the summer. My mother and I's relationship was never the best; granted, I didn't stand a chance in comparison to what one would describe as an overachieving older sister, who never drank, partied, or talked back and was pursuing a career in medicine. I, on the other hand, was constantly reminded of how hard I was to raise, because I was stubborn, malcriada, and worst of all, pursuing a career as an artist. Now, looking back, I could've definitely gone easier on Mami. I can't even begin to imagine what it must've been like for her: Dominican, immigrant, 90's, single mother living in New York City, away from all of the family she's ever known, in a country where she didn't even speak the language, raising two drastically different daughters: one with privilege and one with responsibility.

Mami and I's relationship took the real hit however, two years prior, when she had found a joint in my bookbag -which she claimed God led her to in a dream- whilst simultaneously figuring out that I was a lesbian (making me the only out gay person in my entire family -both mom's and dad's sides). I'll never forget her cries to the sky, as she rocked me back and forth on her lap exclaiming, "¿Cómo es posible que me haya salido una hija con vicio y pájara? ¡Dios mío!" The very next day there was a priest waiting for me in my living room when I got home from school. He sprinkled holy water all over me and my room as he prayed out loud and my mother cried silently behind. For the next two years, I had joined almost every after-school activity, and worked three jobs daily, just to avoid being home.

Fast forward to senior year: it was a warm June day, and I had gotten a random friend request on Tumblr -my real life diary at the time- from a Cali girl named Grizz, with long curly hair and a swag that was honestly way too cool for me.

Somehow, I worked up the courage to inbox her, and next thing you know, she was helping me pick out my prom dress, we were sleeping on Skype together, and flirting made up for most of our conversations. The only downside, apart from her being thousands of miles away, was that she was 5 years older than me, and the eldest of 5 children, most of whom were around my age.

That same summer, my older sister conveniently got accepted into a cancer research program in Oakland, just 30 minutes outside of where Grizz lived. It was the perfect excuse to go visit her before college began in the fall, knowing very well that my mother wouldn't have let me otherwise; I was only 17 after all. Dique, "Mami, ¡¿yo puedo viajar sola por primera vez a California, un lugar que nunca he ido, para conocer una muchacha que conocí por el internet y que me gusta?!" You imagine? ¡Ha! I was, however, able to get by with "Mami, es mi último verano antes de mudarme for college, y quiero compartir con mi hermana antes de irme." Y así fue; one month later, I was on a plane flying across the country, to meet a stranger.

I guess one can say that my first time meeting Grizz was a success story. I had made my older sister meet up with her before picking me up at the airport, just to make sure she was real and not a catfish serial-killer, like my best friends had anticipated. My sister usually supported my shenanigans, but it definitely came from a motherly, overprotective if-you're-going-to-do-something-stupid-do-it-around-me kind of place. Besides, her, Grizz and Grizz's best friend, whose house we were going to be staying at, were all the same age, and that definitely helped. Off we were, to a house on a hill in San Francisco for the week.

Grizz was much shorter than I anticipated and also quite shy, which was the complete opposite of myself, tall and a ball of energy. However, when we had sex that night, none of that seemed to matter. She knew exactly what she was doing when she put me in that standing 69 position, because after that I was completely whipped. After a weeklong sexcapade with the occasional lying to my mother and my sister ahí, apoyando, I was on my way back to enjoy my last summer in the city that raised me, before moving on to college. And by "enjoy," I mean working overtime at the Levi's store in Times Square, just so that I could save enough money to get me through my first semester.

August rolled by and finally, I was on my way up to the University of Vermont -the day before classes started. UVM wasn't my first choice nor was it my second or third. It was, however, the *only* out-of-state school to accept me, so here I was, in a school that was 95% White, with not one Dominican in sight. Had I known I wouldn't have gotten into my dream school with an 86 GPA and an extensive extracurricular activities rap sheet, I would've applied to more out-of-state schools. Nonetheless, college began and I was all sorts of unprepared. -Fuck. I should've fucked less and college prepped more when I had the chance.

Grizz and I's relationship continued through college and by September we were official. We were thriving as a couple, both online and in real time, due to the fact that after our trip, I had made a recap meetup video that went viral on Tumblr and YouTube, reaching hundreds of thousands of people. We had real-life fans; people who genuinely were rooting for our love, cheering us on. Our relationship was just about the only stable thing I knew during such a transitional and uncertain time, a time when I was beginning to question even my own race. Then came Luii.

Un día salta Grizz que Luii, a well-known tattoo artist/model in the lesbian community, had friend requested her: Pa' qué fue eso. It became sort of an obsession where Grizz would mention this girl multiple times a day, daily. At first, I saw it as fangirling, but soon after it became so absurd that I, being the petty Scorpio sun and Leo moon I can be, had to prove my point by literally tallying on notepad, with a pen, every time she would mention her name. Seeing that Grizz was 5 years older than me, and I had never really been a confrontational person to begin with (aka communication issues), I never brought it up to her. It wasn't until she began lying to me, saying she was busy working, yet on Skype, I'd see her icon show she was on a call, that I finally decided enough was enough. We argued and argued for days and finally, she thought the best thing to do was to buy me a plane ticket to go see her midway into my second semester because, to her, the distance was our problem; oye eso. Did I mention Luii was from Brooklyn?

Of course, I accepted, and I packed my bags and headed off to warm, sunny, California for 5 days in the middle of the school week in March. Suddenly, all the arguing stopped and the next few days were filled with blissful memories. She managed to sweep me off my feet once again; introducing me to her family, even though she was not yet out, booking me a hotel room in the heart of Stockton, even indulging in cannabis with me -something she *never* did because it was "beneath her". It was like a Grizz 2.0! Instantly, all of my worries had dissolved into thin air. So much so that on my last day, I expressed to her that I was enjoying my time so much that I did not want to leave. That conversation went like this:

-G: So why don't you stay?

-M: Wait, are you deadass? Like, for real, stay?

-G: Yeah, stay.

-M: All right, so then I'll stay.

My flight was at 8 p.m. that night... I never made it to the airport.

The following day, I made the bold decision to drop out of all my classes, I quit my job at Abercrombie via email, I told my mother through a voicemail; dique "a once in a life-time job opportunity I couldn't turn down," and told my sister and best friends through text -all of whom wanted to literally strangle me. "You are such a fucking idiot"- I quote my sister. I then called my suite-mates in Vermont via Skype and had them pack up my room into boxes, leaving half of it behind -either gifted or trashed- for my sister to later pick up and send to me. I saw my clothes five months later.

Here I was, two hundred something dollars in my bank account and now $3,000 in debt for withdrawing from classes after the dropout deadline, una vaina que yo ni sabía que existía. If my mom knew what was going on at the time, she would have said "ta bueno que te pase." I didn't care about any of it though. It was the first time I'd ever felt free. Like I had complete control of my life and could picture it clearly ahead of me free -and best of all, I was with the woman I loved. Una novela: it was a risky move but ultimately one that wasn't all that surprising on my behalf as I had always been a very impulsive, follow-your-gut kind of gal. Besides, life in California seemed like a much better fit for me, someone aspiring to do film.

With vacation time over and Grizz back at work, she let me stay with her and her family as she was still living at home, while we decided what to do next. We played the "friend" role to her traditional Mexican parents, but of course, mama knows best and our cover was quickly blown. Quickly as in one day quickly; she said something about fijándose en la mirada. And then things got really awkward. I hadn't been there not even one week, and her mother was already going out of her way to let me know I was not welcome there. I'd stay closed up in Grizz's room while she worked a 4-12, and her mom would yell at any sibling that dared keep me company. The glares, the side-eyes, me waiting til the coast was clear to sneak out the room just to use the bathroom; a novela turned nightmare. And how could I forget having to get little Josh, who was about 6 at the time, to sneak me some food every night because she'd refuse to feed me, yet fed a house of 7. Family had always been very important to Grizz, but she was not "out" until I came into the picture. So we hit up Craigslist and found a room to rent just five minutes away from her family's home.

Once we had our own space things were *completely* different. I had gotten two jobs, I had reapplied to school and learned how to drive. At just 18 years old, I was paying rent/bills, driving myself around, cooking/cleaning- you know, adulting, and of course feeling so happy about it all as it provided me with that true sense of liberty I was after. The catch? Grizz and I had completely opposite schedules. Between my 8-6 days consisting of school and work and Grizz's 4-12 security job, the only time we had for ourselves were the weekends where we would go to San Francisco and dance the night away.

Next thing you know a month has gone by and one particular day Grizz leaves her laptop at home. Instinctively, I decided to go through it because everything in my gut was screaming at me to do so. What I found were Skype conversations between Grizz and Luii, who not only were meeting up with each other occasionally in L.A (Luii- from Brooklyn) but were also having cybersex. I had no idea what to do. Not only was I totally distraught that she had been playing me the entire time, but more importantly, I felt like I had hit a wall. I was stuck; stuck in Stockton, with no family, no savings, no car of my own, and no hope of returning to either Vermont or New York City due to my finances. So I closed the laptop and did not say a word about it to anyone for weeks. What the hell was I to do? Move back in with my mom in New York City and have to start the school process all over again, or stay in California with all of my new freedom and suck it up. Of course, I decided to stay because to me, my freedom was worth more than a healthy relationship.

Instead of confronting Grizz, my way of getting back at her was by reaching out to an old fling, this straight girl from high school who used to get a kick out of sending me nudes. One day I came home and found Grizz crying, face all red. When she confronted me about some texts in my phone, I exploded and told her everything I had found between her and Luii a month prior. She must have thought that I was an idiot or that I was born yesterday, perhaps because I was younger than her, because she denied, denied, denied even though I had already seen all of the evidence.

The months that followed became more and more toxic as I made Grizz promise me that she would no longer communicate with Luii, but would continually find exchanges between them. Each time I caught her in a lie, she became more and more reserved. To her it must have felt like walking on eggshells because not only did I keep finding her lies, but she must've seen the effect it was gradually having on my mental health. Finally, she stopped all contact with Luii, and decided to get me a puppy to make amends. Great; a child to raise. It worked though, because there I was, a year-and-a-half into my new life in California, ready to finish up my last year so that I can transfer after my Associates degree to a New York City school. Or so I thought.

The year was 2013 and I had received two life changing letters in just the first few months. The first was one stating someone had claimed me on their taxes in New York state; an action that not only got me in trouble with the IRS, but worse, revoked my in-state college tuition to one I could now no longer afford. **Mom**. Even though I was financially independent since 2011, filing my own taxes the year prior and not getting $0.01 from my mother, *somehow* she thought it was a good idea to claim me on her taxes because she needed a little bit of extra money. I could not continue my last semester of college, and just like that I was packing up and getting ready to move back to New York City.

The second letter was one from my father who had been imprisoned less than a month after I was born, and serving a 25- life sentence for a crime he did not commit. This letter was thicker than the usual letter he would send me, and inside, contained the legal documents stating that his case was being reopened due to newfound evidence. Trust me, I wasn't prepared either.

1.5 That deeply

Gina Goico

Why do I want to bank on my trauma, and showcase it that deeply?

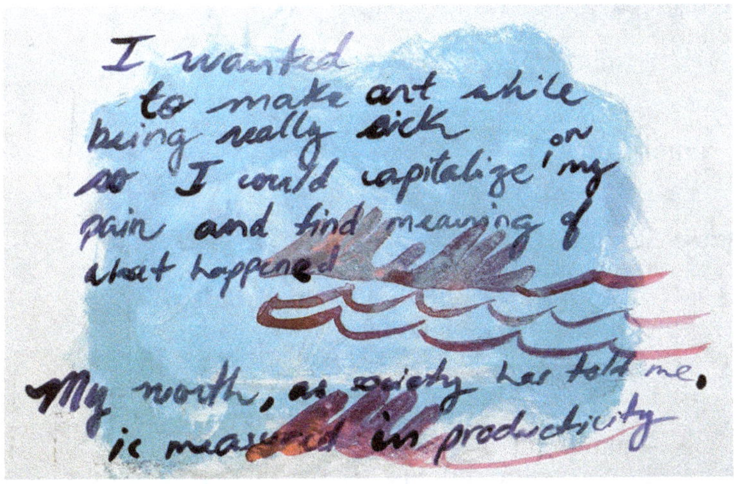

2. 1ro de Marzo 2021

Gina Goico

Ya va a ser un año desde que empezó la vaina esta.
Yo aquí, eplota, viendo nuevas paredes - nuevos medicamentos.

«La yerba mala no muere, mi helmano»
Repito entre risas cuando recuerdo cómo roce la muerte;
Cuando recuerdo cómo gritaba,
En cuatro en la camilla,
Como si estuviera pariendo.

Pero era un colon e'plota'o y una barriga ensanchada.
Yerba mala:
Son 31 años de mal vivir.

Desde el Parque Duarte;
Chuleándome panitas en La Espiral,
Comprándole un trago a una jevita en Camden
Mi pai me dijo una vez bien claro, encojonao:
«Prefiero que seas cuero a que seas pájara».

Lo que él no entendía que eso lo cogía muy a pecho,
Me volví «cuero» además de «pájara»
Aunque el pobre viejo todavía celebre que ande con un hombre y que está casada,
«El gusto e gusto, y lo que e' naturaleza no se borra»

Treintayuno

Mal pasa'o, pero bien goza'o!
Por eso no entiendo cómo en solo 3 meses
To las canas y el descalabre me cayeron encima:

Parece que les huía mientras fumaba yerba después de la escuela,
mientras bebía como si mi dominicanidad dependiera de esto,
mientras probaba la vida en el infierno colonial de Santo Domingo.

Un maldito año
Y ahora usando she, y they, y elle , y ella,
viendo al marido confundido,
mi barriga ensanchada con una línea colorada.
Un año para transformar y complicar.
«Yerba mala nunca muere»
Me repito mientras me miro las arrugas,
los senos caídos,
y el dolor finalmente desapareciendo.

El Grito

Flor De Liz Martinez

Caigo al suelo.
Los pensamientos se me van de las manos
impuros
etéreos.
Mi alma se congela en la frialdad de tantas percepciones
de tantas sensaciones.
La muerte me acompaña.
Es el purgatorio de mis pecados
un tósigo que purifica y destruye mi alma,
secretaria de la parca…
Es el castigo.
Busco la autodestrucción
y Dios me mantiene aquí, existiendo.
-Dios lejos, y pensamiento eterno infinito inmenso…-
Lejos.

¡Te grito, sociedad inmunda, escucha!
¡Soledad maligna de lodo y silencio!
¡Y a la multitud que cierra los ojos ante mí,
empecinada!
¡Y al mundo que simple y confuso y panorámico
e intrascendente y juez acerbo, plenipotenciario…!
¡Buitres, víboras,
podredumbre y fango,
humanidad parásita…!
Me avergüenzo de mi raza…

Ustedes, seres malditos
me han confinado a un agujero sucio y pequeñito
-su universo encerrado en un puño-
«¡Sé igual!", "¡Sé igual!»
Me han rechazado
me han golpeado
me han aborrecido… me aborrecieron…
¡Aborrezco al mundo!

¡Y tú, Dios, tú,
ser lejano, infinito, eterno!
¡¿Dónde estás?! ¡¿Dónde estás?!
No te siento en la inmensidad inclemente de mi alma vacía,
fría.

¡No te siento! ¡No te siento!
Me has hecho insensible a ti
insensible al amor
insensible a la risa, a la mariposa, a la flor
insensible al corazón de un silencio bermellón
y rosay peces
y gotas perniciosas
de sensaciones en el aire y el dolor.
Insensible a ti.

¡Quiero sentir amor, maldita sea!
Quiero sentir paz
paz violeta de noches sin prisa
no hay prisa
no hay prisa…
Me duele el pensamiento.
Las arañas de mis ideas me rodean
me muerden, me llenan.
¡Allá van mis arañas, atrápenlas, a por ellas!
¡Vengan a mí, destrúyanme…!
Porque sólo destrucción me espera.

Sólo destrucción y frío y pensamien
tos amarillos que como espejit
os solos se mueven en la nada y
creo que
no estoy y estoy soñando y muero y estoy soñando y muero…

Caí al suelo.
Caí sin aire y sin deseos.
Mi alma se hizo pedazos al viento
-¡miren las lagartijas!-.
Caí inexistente, vacía
abrazada al aire y al grito -que nadie escuchó-
y a la nada infinita de mi alma.
Me rindo.

Erín's River

Leo D. Martinez

In the mountains near Las Matas, a farmer was traveling on his donkey to sell his yucas. He usually would take the long way around the mountains, but on that fateful day, he chose to take a shortcut between them. Later, when he was imprisoned on charges of sodomy, a crime against the Lord, in a humid cell on top of a hill, he vowed to never tell what he had experienced. He would rather die than speak, and he made peace with that.

Waiting for his judgment, he sat near the sweet-smelling corpse of another prisoner who had died of heatstroke. The farmer could not resist the sweet juice oozing from the pores and tasted a piece of the thumb. His tongue savored the softness, like eating the forbidden fruit. But memories of Erín flooded back, and he had to restrain himself. But his heart would not let him forget what they had shared by the river.

The farmer knew his first mistake had been taking a right when he should have taken a left. Those were the parts the people of Las Matas warned to avoid. Between the mountains was where Lilith and her children thrived. Before putting their children to sleep, parents told stories of carnal sins, poisonous rivers, animals eating their own children, and queer spirits. And before anyone would leave the safety of the town, they prayed to the Archangels to protect them; on returning, they washed the evil hiding between the toes. If anyone was found guilty of bringing it inside, they were hanged.

The farmer did not believe those stories, believing instead in his own powers. Nothing to fear when the Lord is by your side, his grandma used to say, and he repeated the phrase likea prayer when he took a right and entered the wilderness.

For hours, he and his donkey stayed on the narrow path until the low-hanging branches tried to wrap man and beast in their budding flowers. The trees then knocked down his yucas, but it was too late for him to turn back and retrieve them because the trees were fusing together so that the path was disappearing. The donkey, sensing the danger, sped to an opening in a meadow of tall grass and purple hibiscus. To the left, there was a beautiful river that reflected the blue sky and white clouds. The sun shone on the green and gold land. Red and black bugs bounced in the air.

The donkey lay down from exhaustion and munched on the grass, while the farmer went to wash the sweat from his face. But before he dipped his hands, looking at his reflection, he saw a person wrapped in chains, trapped in underwear. He reached in, pulled them out, and removed the heavy chains. As he pumped their chest, the person coughed out water, bugs, cowrie shells, round stones, snakes, and broken bones.

The farmer could not stop staring at the shivering body They looked exactly alike: the same coffee-colored skin, full lips, coarse chest hair, skinny calves, large ears, uncircumcised penis. Fascinated, he cupped their chin and opened their eyelids.
The same green eyes. The person sat up, opened his mouth, but could not speak. Their hands beckoned the farmer to come closer.

"Can you talk? Do you know who you are?"

They grabbed the farmer's head and brought their lips together. Resistant at first, he gave in to the sweetness, his taste buds blooming open. He wanted more, but they pushed him off. A strand of spider-silk saliva stretched between them until it broke.

"Yes, they call me Erín." Now they both had the same voice.

The farmer and Erín sat down and put their feet in the cool water as Erín explained why they had been chained in the river.

"I had a jealous lover. She was older, older than the ocean. She captured me and chained me to the bottom of this river. She said she loved me so much that she didn't want to share me with anyone, so she took everything I had inside and abandoned me here for centuries after she got bored. I thought I would never feel the wind again... I am grateful that you found me, my savior. What is your history?"

The farmer, already a man of few words, didn't know what to say.

"I was on my way to Las Matas to sell my yucas…"

"No. What is your family's history? Where did you come from?"

The farmer stared into the distance as he contemplated. On the other side of the river, he saw a two-legged beast with the head of a goat, body of a panther and tail of a snake eating the body of a smaller beast. He thought it was a mother eating her child.

"I was told we came from a different land and that when our ancestors were shipped here in chains, they escaped and moved into these mountains. My father and mother died in a fire, and my grandma raised me until she died in her sleep. I inherited her land, and now I grow yucas."

"Do you grow any fruits… chinolas, mangos, guavas?

"No, only yucas."

"Do you have a wife, any children?"

The farmer shook his head. "I never married. I have myself and my land. That is enough."

"But what gives you joy? Who gives you pleasure?"

"I do not need any of that. I said I have myself and my land."

"But, my savior, is that all you know?"

Erín placed their hand on the farmer's back and leaned in. Their soft touch sent tremors through his body, swelling his veins. As the prison guards later chopped off his thumbs, the farmer would later realize that this moment of weakness had been his second mistake.

"I know more. I know the story of when my grandma lived in the Capital."

"Do you remember it? Can you tell me?"

The farmer closed his eyes and sang his grandma's story. My neighbors said I was a witch. They said they saw grow- ing herbs for black magic in my garden. I was watering my flowers. The soldiers came and dragged me by my hair to a hot cellar. An ugly man stripped me of my clothes. Two men dressed in all black came in. Their hands went over my body. Grabbed my breasts and thighs. Put their dirty white fingers in my mouth. Twisted my ankle. Went deep inside of me—like looking for a treat. They finished and said: A witch! Bring the rod! The ugly man came back with a bright blue rod. He branded me on my stomach right here...

His grandma's words brought up a sadness that closed his throat. He wanted to cry, but blocked his tears from flowing.
In the distance, he saw a large serpent swallowing the mother beast, her snake tail dangling outside until it was eaten too.
Erín held the farmer's hands and rubbed his palms.

"I can see you have your grandma's anger trapped in you. Does it hurt?"

"Yes, it does", he mumbled.

"Come, let me make you feel better."

Under their magic, the farmer was led behind a tree.
Erín and the farmer made love that was balanced. Erín penetrated the farmer, and the farmer penetrated Erín, giving and receiving the same amount. No one was on top or bottom. They fused together and made a four-legged beast. Both finished at the same time, their silky sperm staining the ground. In the background, the donkey drank the water from the river.
Lying together and covered in their mess, the farmer, feeling the warmth of Erín in his arms, got an anxious urge to leave.

The intimate experience that their body shared bothered him like a needle in the eye. He whistled for his donkey. It obeyed and came to the farmer.

"I feel better, but I need to go."

"I want to come with you!"

"No, you cannot come. What happened here cannot follow me."

"Please don't leave me by myself!"

The farmer walked away, but Erín sobbed so violently that he turned around. They looked at each other, and seeing himself in Erín's eyes, the farmer noticed that he did not look like himself. Then, Erín punched him in the head and knocked him out. He would later realize that looking back had been his third mistake as he cried for his grandma. He saw her spirit flying into the cell and possessed the sweet-smelling prisoner. She held him so tight that his tears soaked the flesh. He chewed on its lips to soothe himself to sleep.

When the farmer woke up, Erín, his donkey, his clothes and the sun were gone. There was no moon, either. He washed his face in the river, but could not see his reflection. Then he walked back into the mountains and didn't stop walking until finding Las Matas the next morning. Upon seeing him, the people cried for his arrest.

The crowd said that he was the one who was seducing the men in public. Soldiers slammed him to the floor. Stomped on his chest. Kicked his ribs. Put their feet on his neck. Tied his legs and arms. Gagged his mouth. Pissed on him.

Called him a faggot. Threw him inside the wagon. Locked him inside the cell. There were too many witnesses saying they had seen him do what he was accused of. He wanted to tell them an honest account of what had happened between the mountains, but that meant talking about Erín and the intimate experience they shared behind the tree.

He kept his mouth closed and accepted his fate. To calm himself, he remembered his grandma's words: ...they branded me a witch. I knew I was innocent. They wanted me to confess. I did nothing wrong. I never said a word. They tried me every day. Told me I would be let go if I confessed. Told me they would feed me to the sharks. Told me I would die like a beast. I almost did. My silence saved me. They had to let me go because I never said a word. I went back to the mountains and grew my flowers there. Nothing to fear when the Lord is by your side.

And he had nothing to fear, because the Lord was by his side and said not a word until he was freed. He returned to his land without clothes and donkey. He isolated himself, staying away from Las Matas and the rivers and eating nothing but yucas, until he died in his sleep. The State took ownership of his land in the name of Trujillo, the Dictator For Life.

Though Las Matas and the land between the mountains eventually became a city, Erín misses the love they and the farmer shared.

During nights of the new moon, they crawl out of the dirty black-water river and roam the streets, crying aloud their misfortunes for hours.

People say that if you walk outside and Erín sees you, you are never seen again. So many people have disappeared, but since many of them were rumored to sleep with the same sex, no one cared.

But if you need to go outside, which is not advisable, make sure to wrap heavy chains around your body. The clanging will ward Erín away. Please protect yourself.

Beso fugitivo

Lauristely Peña Solano

I

Quise ser fugitiva
salvarme de emociones
pasión-dolor
congelarme en nostalgia
relegarme al papel…

Quise ser fugitiva
y enmarañarme en sábanas
salvarme en el efímero goce
ser fugitiva, eso quise.

II

En la ruta de escape
jugando a la rayuela
te di un beso
¡qué bien besa la poeta!
sensación

¿fugitiva?
Un beso que volvió
un beso largo que se queda
en una sensación fugitiva
un beso que nos escapa
a la mejor parte del mundo posible
un beso que nos entrega
un universo hecho a medida.

Un beso que nos mueve.
«contigo me muevo»

III

Dos almas se reconocen
columna con columna
confluyendo en el beso
eterno fugitivo.
en la mirada cíclope que todo lo funde.
sucedo- sucedes- sucedemos
en la valentía de aceptar un alma
la que sabe querer como quieres que te quieran.

IV

En la caña
venas visibles de nuestras ancestras
en el puño
            en el grito
en el vevé carmesí
un camino que construimos
Des-tru-yen-do
subvirtiendo el canon

Y aquí anticanónicas
con palabras
esculpimos al mundo
de a poquito
desde el monolito que somos.

Si te lo cuento, no me crees

Dr. Lemny Perez

"Budd, I'm bi"

"I know"

A quizzical look exhibited

My soul sis of 32 years,

Born exactly one month apart.

Of course, she did.

"What do you mean?" I asked.
"You told Fanny, Fanny told Nina, and Nina told me."
And that's the last time I ever did that. Pa qué?
Lo que se ve, ya se chismeo.

****

"Tú parece como una de esa pata boricua with that haircut"
Murmuraban en Machu Picchu.
let your hair grow.
How long did that take you to get that length?
Yo no sé qué tú haces en este salón con este pelo tan bueno, she pulled mad agro
Fascinations.
It wasn't much about the others' gaze,
to look and project, as we all do---
Pero era that they would use it against me
as a point of contention, or weakness
To gnaw at these exposed guts with blunt colmillos
For what purpose? To tell people?
It made no sense, like la Iglesia Católica
Lost in illogical arguments, I walked away from it at age seven.
Asking, how does God forgive everyone?
And yet, how do some people still go to hell?
I had a hard time understanding karma.

My concrete, linear world,
Could not accommodate such nonsense,
And all my mother, Lord bless her soul,
Told me was that she didn't give a shit what I picked up,
So long as I had faith in something.
Now everything is possible,
All arrangements of reality,
All and no conditions and conceptions and beyond

****

In grad school, during the power shuffles and multicultural classes and fish bowls
I boasted about not having to say queer aloud
To cover up the need of having to say it.
It was always a strange spinning psych interject,
The shame that gets fueled because of an arbitrary condition
But I thought, everything changes, nothing is the same,
Today hombre, mañana mujer,
Curious, if we'll ever learn to not split into the duality,
Porque estoy harta de dar vueltas.

****

The oversized sweats I wore, were always about
Not ever feeling cute and not looking like a girl ---
You have to understand, my best friends,
Una a Cancer and the other a Taurus
Were sensual bombshells with hair
Down to the small of their backs, pure Lolita bodies
Y yo, a relatively late bloomer, with a Venus that wouldn't drop
Until after freshman year in college, when I finally got to fucking.
El complejo mío was the chafing…
That's the very other arbitrary,
Non negotiator that inhibited me from opening my legs
Before any man, to see the darkness between my thighs,
Oh, no, I could never surprise them to see what they would say,
Not even one noticed… a futile co-emergence
I even stopped myself from going into gymnastics,
To wear a leotard sans tights?
I stuck to ballet, tap and jazz instead.
Pero sí me atreví con mi mejor amiga from kindergarten,
We'd ride the bus together
And throw our thin sweaters over each other's head
While the other one fondled a clit.
She'd pop out la cabeza y me decía, "hiede."

****

Mai Mai was Queen to me, she loved me with her whole heart.
My trophy wife, Ms. 6 feet,
My tall fat booty, with a nose sharp like Nefertiti.
Nubian goddess, I recalled us being flowers in an era of sorts—
She played close to 10 instruments,
Could choreograph the shit out of a cheerleading routine,
Taught Math and studied sciences.
Washed my clothes, cooked for me daily,
Paid the rent and gave me the best head I'd gotten in my life.
She always tried to understand, and create space for my and D.'s ridiculousness.
D. left for UC Berkeley, chasing a Master's in Social Work at his dream school.
She'd come home every day after work, triggered.
Upset about seeing herself in her middle school students—
Growing up homeless, with a schizophrenic mom.
With an ex who was gay on the low,
Using each other as refuge from the truth—
I was working two jobs and ballooning;
I came home straight after work, ate two plates of food and went to bed
After some sex maybe—
I was so depressed and told D how much I hate the closeted shit.

I wanted to go camping. He said we were black, polyamory
and couldn't do none of it.
I was feeling asphyxiated—

Ambitious, but tired from working two jobs and being enrolled
at two master's programs, all at the same time.
Tired from my jealousy that drove me to sleep in the middle of
the bed,
Between them, splitting them.
Oedipal processes still at 23.
Nothing having changed over the course of two decades.
So, he chased me with a knife around the apartment, after I
cheated
And Mai Mai reined him in.
He'd been beaten awake by his mother.
He was a Greek Iota, my Prince Hall Mason—
We connected when I was studying abroad in Africa,
During 9-11
They had been married for ten years, and he and I had cheated
on her.
She found out. She and I started talking, we got along.
We met, we all started dating, trips to Las Vegas and shit.
I got pregnant at one point.
So Mai Mai visited me at Syracuse when I was with the baby.
During my super senior year.

It killed him to kill the child.

I said no to that story, and asked baby for forgiveness.
He said he understood, awake, I felt him being vacuumed and scraped in pieces
Dust to dust.

****

I once fell in love with a stripper,
At the 99-cent store.
She worked as a cashier and I was paying at her register.
I was fly, sporting my faux hawk,
Had been lifting weights steady for two years.
Was empowered and had dropped 110lbs.
27 years young in Berkeley, on my stud shit—
She could make her ass clap.
A booty that looked like two fine round basketballs
I'd drive her to work, and help her hustle…
Said she wanted me to be her manager.
God, I'd stare at her, sitting on the toilette,
While she poured water on her rum skin, bathing in my tub.
Hardly touching her, y casi nunca la besaba,
A shy baby butch,
"Do you even like me?" she asked con complejo.

I did, so much. Pero para mí era una muñeca.
An east Oakland Queen, musically inclined,
She wrote her own lyrics, with a voice that made my lions drip
So quick with her emcee pen,
She even dressed like a movie star and spent all her cash on shoes while sleeping on an inflatable mattress.
Her hair under wigs —said she was taking care of it—
And her family's open embrace, enamored with my light skin
We was watching the Source awards when she confessed that,
She loved Big Meech, and her mission was to run off with Fitty's millions.
One day, she called me up and said she was coming over with a friend,
Could we fuck and have a threesome and break some bread?
Sure why not, I was dating about 5 men around then--
She brought a thick brother, fresh out of the pen,
I played some Al Greene, opened my windows and allowed the Fragrance to enter from the rose garden in my backyard.
I had not yet been so intimate with her, allowing the passion to begin

But she chased after him, a supposed album deal,
He stole my Al Greene CD, habitual tendencies
Taking with him my stripper and all other things illusory

****

Budd said, “no le cuentes a nadie lo tuyo,”
She’s a goddess, my BFF, modest,
Has no social media and keeps a close circle of 5 friends, max.
“Cuéntale tus sueños a la almohada.”
Pero, ¿cómo volar, pájara, sin alas?

Indulgencia

Ju Puello

Perdóname cuerpo,
por forzarte al encierro,
por insultarte en mañanas soleadas y lluviosas,
por lastimar tu dermis negra,
por obligarte a mudarte a un closet,
por negarte el placer,
por dejar que se añejen tus fluidos,
por olvidarme de ti.

Perdóname boca,
por hacer que tragaras fluidos ajenos que no te gustaban,
por cerrarte las veces que quisiste rebelarte,
por coserte los labios y olvidar tus besos.

Perdónenme piernas,
por negarles senderos,
por censurar sus propuestas,
por olvidar las veces que temblaron en camas maricas,
por cortarlas cuando quisieron ir hacia el arcoíris.

Perdónenme brazos,
por evitar que tocaran bubis,
por usarlos de máquina,
por acusarlos de cleptómanos e invasores de espacio.

Perdónenme ojos,
por reducirles las posibilidades,
por vendarlos ante injusticias,
por negarles la belleza,
por sacarlos de mí.

Perdóname cuerpo,
por nublar tus tránsitos,
maldecir tu vida
y forzarte a la normalidad.

The Journey Starts with Leaving

Alicia Anabel Santos Diaz

I was writing a letter to my dead brother when it occurred to me that I am on my Hero's Journey. Something happened when I read the line, "The journey starts with leaving." It continued, "The journey starts with leaving your current physical and emotional state. The Hero's Journey requires leaving a state of psychological dependence and entering into psychological self and responsibility. This requires a sort of death and resurrection. The hero then sets off to find "the source of life".

It was during reading the words, the journey starts with leaving that I finally understood what my body was responding to at the end of my 8-year relationship. The feeling was familiar, stomach turning, desire to throw up and a tremendous amount of guilt settling in. It was my desire to get free. My desire to go on an adventure. My desire to move. My desire to see the world, My desire to see my dreams come true. My desire to expand and grow. As I sit here, mourning my relationship with my ex, this is what I am realizing. I am realizing that I wasn't free. In many ways, I felt trapped. I felt myself dying in our relationship. I felt so many parts of my life trapped in the closet–a closet I came out of so many years ago. My creativity felt trapped. My spirituality felt trapped. It got to a point where I no longer knew who I was and truly felt like a shell of the old me. What I needed was to go find my *source of life* because when my brother died, a part of me went with him.

The journey starts with leaving, I needed to leave for my journey to begin. The moment I made the decision to leave my marriage, my relationship, my home, my daughters, my comforts, my country—leaving all that is familiar to me—the ways I make money, my hustle, my grind, Harlem, the Bronx, (spirit) said, *"Allow me to give you more. Allow me to show you more."* That was when I made the decision to move to the Dominican Republic.

During the Sankofa Sisterhood Writer's Retreat, we planned a field trip to San Cristobal and Rio Palenque, when my ex pulled me into El Santuario (the name I gave the land), she walked the land silently. My friend La Chula shared that she whispered, "¿todo esto es de Alicia?"

Ella respondió, "sí, todo esto—de ese palo hasta allá" pointing to the cuatro tareas this "dreamer" now owned.

We spent an entire day on the land, having writing workshops, spoken word, and live music. Comimos sancocho. We communed on the land and had a beautiful ritual ceremony. At the end of the night, as we were getting ready to leave my ex pulled me, with tears in her eyes, to tell me how proud she was of me for doing this. I wish I had written down what she told me word for word. I wish I had written it down, it was part "I'm really happy for you." and part "I wish this was something that we had done together." It made me wonder, was she crying for me or was she crying for her? Was it more, "damn, I should've bet on you?" Or more, "Fck, I should've believed in you?" Or was it, "Diablo, ¡de lo que me perdí!"

What she saw in that moment was my ability to work hard and get everything I know I deserve and everything that I desire—shit, I manifested Elena (our beautiful adopted daughter). I pray that Elena does not feel that I have abandoned her. I pray that one day she understands why I had to leave the United States, why I live here and why she lives there with her other mami.

***

I have been told that I have a type. I was sitting with a friend at a rock bar in the center of La Zona Colonial and, in between the rock bands performing live, it was like I manifested her, or at least I manifested a spitting image of my ex, from the curly hair that fell to her shoulders, to her athletic build, right down to the brown leather jacket that I saw her wearing the first time we locked eyes at Brown University so many years ago. When this look-alike walked in, I made a point to let her know that I was interested. She played coy. She played shy—and I played TOP—I mean DOM—kidding! I went old school with it. I wrote my name, number and socials on a drink napkin and asked her out.

I thought that I would give her a more direct hint so I went to the bathroom in hopes that she would follow me–in true gay boy/lesbo hook up fashion. And she did get up from her table and joined me in line as we waited. I let her go in front of me. We continued to make small talk as we waited. I can't even begin to tell you what she shared because the truth is I was only interested in one thing that night. In my mind, la película que estaba pasando would be that she would ask me to join her, we would walk in together and, well, you know….

Pero eso no fue lo que pasó, it was her turn, she walked in, and shut the door behind her. Damn, what a bust! Me and my bruised ego went to the other bathroom. I felt like she was torturing me that night, playing games–so, la solté en banda! I left the bar feeling like she just wasn't into me and perhaps the chemistry was one-sided. To my surprise, several days later, she slid in my DMs, letting me know that she was sorry for not writing sooner. I won't bore you with the messages. Let's just jump right into our first date. I invited her to meet me for breakfast at my favorite French café. We ordered and began the terrible dance of small talk. She shared that she was a professional soccer player for a Colombian team and I shared that I was a writer. I also told her that I had two daughters, one who was 30 years old and the other who was three at the time. When I shared the ages, she couldn't believe how good I looked, to which I replied, "thank you."

But when she asked me, "how did that happen?" with disgust, it gave me pause. She was alarmed. Appalled.

How did it happen that I had a 30-year-old daughter? I was like wait a minute—did I just step into an alternate universe? How did that happen? My internal dialogue, at that moment, was on overdrive and, of course, I felt triggered. All the old insecurities around being the "right kind of lesbian" came up. *Oh, so I am not really a lesbian because I have slept with men. Oh, I see, it's because I am not a gold star lesbian.*

I didn't realize folks were still handing out awards for being the "right kind of gay!"

"Yes, I was married. I was married to a man thirty years ago, and yes we had a baby! That's how that happened!"

WTF! That was the first red flag.

The second red flag was when she told me she was the same age as my eldest daughter, at which point I think I stopped listening to the conversation completely. Check, please! But something interesting did happen. I noticed something really peculiar before leaving our date. It only occurred to me at the end of our date that she was wearing a brown leather jacket similar to the one my ex, the mother of my second daughter, would regularly wear. And it hit me—FCK I have a fcking type and she was the younger version of my ex-lover. Huge sigh!

I had manifested my ex! As I write this, it will be three years since we began our long, drawn out break up, because breaking up can sometimes be an entire process—it took a while. It was long and painful, it was brutal. What I *will* share about that process is that we were both hurting. I was grieving the loss of my brother, to the point where I am still living in that grief, and at the same time, I was beginning to grieve the ending of our relationship. I noticed that I was beginning to die in my relationship. And to her credit, I was unable to verbalize what it was that I needed, and so she didn't know how to be there for me.

Endings are really interesting. Grief can be paralyzing. Loss can be devastating. At the time my brother was dying, my relationship was deteriorating. I was finding myself lost and confused, empty and alone. There were many nights I would go to sleep, crying over the fact that my brother was in so much pain as he navigated stage three cancer, that quickly turned to stage four cancer, that quickly turned to the end of his life. When my brother died, I began to question everything. What am I doing? How am I living? What do I want? What do I see for my future? Where am I headed? Am I happy?

My brother Fabio died on October 18, 2018, one month after his 48th birthday, and the entire year that followed, I found myself rocking a constant mask. Trying to be present. Trying to be happy. Trying to have sex. That was one of the first signs that our relationship was dying. Our sex life was always exciting and passionate, our chemistry was always on point. When we booked hotel rooms, it was always with the understanding of–a lo que vinimos. On the bed, I would lay out our toys, she would prepare our cocktails and we would get dressed up. I would look sexy af, and she would be packing, also looking damn good, and then we would go out in total anticipation of the after party–and that after party was always, as the kids would say, lit!

But there came a moment, and I don't know that she fully understood it or accepted it, that while my brother was dying, and in pain, I could not see myself experiencing pleasure. It felt selfish of me to have an orgasm when my brother could barely eat. When my brother could barely swallow. When my brother was only eating three grapes a day. He could barely drink water. He could no longer walk. He was bedridden. He lost 100 pounds in two months. I was mourning him months before he died. Then, I was mourning my relationship immediately after his death.

What do I do with all of this pain? Where do I go? I wish I could say that I have moved on. I wish I could say that I have healed. What is my next place? I am still processing all of this pain. This is the lesson that comes with death, loss, grief: there is always an opportunity to understand the meaning of life, to understand ourselves better, and I am still learning.

The journey starts with leaving—so I left!

Catholic and Queer

Marlyn Suarez

Being Catholic and Queer means
Not going to Church for months
because you're afraid that
If you step into the House of God,
you're going to burst into flames on the spot
but reminiscing about those giant stained- glass windows,
friendly faces ushering you in
oblivious to that fact
that your existence is a sin

Being Catholic and Queer means
having an emotional attachment to worship songs
but not
knowing if you are still allowed to sing said worship song

Being Catholic and Queer means
knowing every prayer by heart
but struggling to pray at all

Being Catholic and Queer means
hiding part of yourself to your abuela
because she still has expectations that
you'll bring home a nice man
and give her grandkids one day

Being Catholic and Queer
means wanting to fulfill that dream
of walking down the aisle,
dressed in white,
marrying the man of my dreams

Except those dreams aren't mine
and no matter how hard I try,
I can't seem to get it right
I've FUCKED every man on site
to prove to myself that
I too am capable of love

Being Catholic and Queer
is putting on my brave face
when I explain to others that I can still believe in God
and love women

Being Catholic and Queer
is not feeling at home
in the only place you've ever called home
because scripture is placed on an altar
to be read out loud only on Sundays

Being Catholic and Queer means
desecrating your inner temple
drinking bittersweet wine
to help you forget
that you stopped being holy
long ago

Being Catholic and Queer means
being brave enough to be vulnerable about your wounds
in hopes that someone else might find comfort in them too

She Smelled Like Summer

Marlyn Suarez

Dizzy, world spinning, knees shaking, heart melting,
breath stopping, mouth sighing, brain frying
as I listen, her voice was like a melody my soul knew all along

Like a song once forget, repressed underneath
Bible verses, Christian hymns, and Sunday masses
like the defogging of my glasses, once a blurred vision of what love embodied
it took her body next to mind to rewind and show me hetero-normativity is a lie.
How can being straight be the only option
when nothing around us resembles a line
not the sun as it rises, nor the clouds in the sky,
not the breathe we inhale nor the passage of time
not even our own lifecycle is straight
so why is my love expected to be?

See I thought I knew who I was
visions of pure white and lace,
flowers in place, as I walked down the aisle
to marry the man of my dreams, only problem was
no man made me weak in the knees
no man swept me off my feet
that dizzying feeling you get when you're in love?
I'd run away if a man so much as *tried* to give me a hug
Then I met her, and I knew I was looking in all the wrong places

it was almost as if the signs were staring me dead in the face, screaming
"you're fucking gay"
As if the pain and confusion transformed itself into knowledge and resolution
to love without restraints, to allow myself to paint with rose-colored hues
on everything I viewed
it felt like I could see for the first time
it felt like I could breathe for the first time
like I could hear for the first time
taste for the first time
touch for the first time
it felt like I was alive for the first time
and there's no amount of rhyme or verse rhythm or words
that can describe what I feel like when I'm around her
my brain short circuits, my heart a circus, leaping and soaring
a heart I once considered cold and unnerving, that is
until I met her

'Buela

Crysbel "Mariposa" Tejada

Sprigs of romero dripping rainwater,
Smell of yesterday's memories.
Gently,
Slowly
Rubbing the back of your neck,
Dipping into the overflowing rain bucket
Slapping your bare chest,
Dip.
Caressing the river marks along your womb,
Dip.
Loving your inner thighs,
Dip. Dip. Dip.
Massaging your tired wrinkled knees,
Dip.
Washing between your toes,
Dip.
silent humming
Dip
drinking sweet nectar of yesterday's past.
Dip.

PATRIA

El patriotismo es la extraña creencia de que un país es mejor que otro por virtud del hecho de que naciste ahí.

– GEORGE BERNARD SHAW

In the Borderlands
you are the battleground
where enemies are kin to each other;
you are at home, a stranger,
the border disputes have been settled
the volley of shots have shattered the truce
You are wounded, lost in action
Dead, fighting back;
...
To survive the Borderlands
you must live sin fronteras
be a crossroads.

– GLORIA ANZALDÚA

Sobrepeso

Sarahi Almonte

I was denied three times, but the rooster never crowed.

Un diciembre en Kiskeya, while visiting my family, I was about 13 years old. Marimacha al fin, jugaba con unos tíguere' del barrio, when one of them jogs towards me playing defense and asked, "¿De dónde tú ere'?" I dribbled past him, faked a shot, passed it to my teammate who scored. I looked at him and said, "de aquí mimito'."

Surprised and laughing he says, "No. Tú no eres de aquí. "Tú no te pareces en nada a las muchachas de mi país. ¿Dime, quienes son los padres de la patria?"

I stared him down (knowing already where he was going and convinced he was upset that I was a better player than he was) and angrily said, "Duarte, Sánchez y el coño de tu mardita madre… Y avísame si quieres que te cante las doce estrofas del Himno Nacional." Secretly praying that he wouldn't actually test me, since I, like most, only remember the first four we sang at el Colegio Fides. That song is longer than a longaniza.

"Ooooooo…" exclamaron los otros que estaban en la cancha.

"Pero eso es solo historia, cualquiera sabe esa respuesta. ¿Dónde queda la feria ganadera?"

I wasn't familiar with streets and avenues. Yo solo sabía de La Avenida Independencia. My anger filled my eyes with tears. Upset y encojona' me fui de la cancha, dejé el equipo impar, y no volví a jugar en el bloque.

I walked home upset and frustrated. I just wanted to play basketball. When I got home, my father asked what was wrong. I lied and told him I had hurt my hand while playing. He asked to see my hand, kissed it, and told me to go wash my hands and come back because he was going to put a cream on my wrist to prevent bruising.

As I watched Papi take care of me, I stared at his brown hands, internally, I questioned if I was his daughter. Y llegué a pensar que, a lo mejor, yo no era dominicana. Y por eso no me parecía más a Papi.

***

Cuando volví a visitar a los 15 años, esta vez con el pelo corto y mi vestimenta más "masculina." Yo, siempre abierta a ser quien soy, me encontraba en conversación con un grupo de amistades en el Parque Duarte, cuando el tema de "maricones" surge. Entre todo lo típico que dicen de mi comunidad, dice un amigo de un amigo, "Él verdadero dominicano no es pájaro. Esa vaina es de gringo."

I didn't say anything. But the rush of blood I felt come through my body was so intense. It wasn't an external heat, it literally felt like I became fire. El enojo efervescente en mi pecho se agitaba más. No conocía bien al que hizo el comentario, pero el pecho se me apretaba con cada palabra que atacaba mi dignidad. He was so brutal in his choice of words. Without any hesitation, I said, "Yo soy gay."

"Pero tú no eres dominicana," relinchó el pendejo.

Si las miradas mataran, al tipo le hubiese dao' un infarto ahí mimito'. Sentí enojo, rabia y dolor. Una amiga mira al tipo y le dijo, "Te pasate', loco."

"No, no, no… lo que digo es que ella no se crio aquí," he attempted to defend his comments.

I just looked at him and said, "Tu das pena y vergüenza. Si te piensas que el ser una u otra cosa te quita tan fácilmente lo que llevas en tu Ser."

Me paré, le dije a mis amistades que los veía más tarde. Y me fui.

Tomé un taxi y regresé a casa de mi padre. As the car drove down el Malecón, I was thinking, *damn, every time I come here, it's the same damn shit.* ¿Por qué será que me niegan mi Patria? ¿Por qué le ponen parámetros a una gente tan diversa?

***

A los veintidós años, regresó al patio. Andaba con mi padre, entramos a un colmadón que él frecuenta y se junta con otros viejevos (como él dice). Me presenta a unos cuantos de sus amigos y después al hijo de uno de ellos. I nod and smile and do the customary-almost-obligatory kiss on the cheek for everyone.

His friend's son sits at the bar stool next to me and my father walks away, reminds me that I can order what I'd like and heads over to speak to his friends.

Before I could sit comfortably on the stool, he just blurts, "Pero tú no eres de aquí, ¿verdad?"

Lo mire y le dije, "Mi padre me acaba de presentar como su hija, y tú me preguntas si soy de aquí. No entiendo."

"No, pero tú no te criaste aquí. Y no vives aquí. Y tienes esa piel demasiado blanquita para ser de aquí," dice él con su sola sonrisa de pendejo.

I didn't have the energy to deal with ignorance that day, but I was so damn tired of being denied and, in this instance, bothered that I couldn't just sit and enjoy my damn Presidente.

I became the rooster that day. Ese día, decidí que yo tenía que ser el gallo que cantara mi verdad para que dejaran de joder tanto.

I looked at this guy and I said, "Óyeme, soy de la República Dominicana. Nací aquí mismo. En la Capital. En la Maternidad San Rafael. Y aunque no vivo aquí, esta tierra, este país, vive en mi sangre. Y por más blanca que sea, sigo siendo dominicana. Y aunque mi madre sea puertorriqueña, sigo siendo dominicana. Mi cédula no es plástica. Es de corazón. Coñazo."

I chugged some beer, got up, walked over to my father, and said, "Papi, me voy a jugar unos números." And I walked over to la banca and did a very Dominican thing: jugé un palé de cien peso' al 13-27. When I came back, the guy had left and I was able to sit and have a few more Presidentes with my dad.

When I came back to sit with him, he asked if I was okay. He said I looked upset when I went over to tell him that I was going to the spot next door. I was done making up stories. I told him what happened with his friend's son. Y le dije que estaba cansada que cada vez que yo venía a RD, siempre había par de pendejos que no faltaban para hacer comentarios ignorantes. My dad, always the diffuser with humor (so-as-to-not-dive-a-little-more-into-things) says, "Ay, mi hija, esa gente son analfabestías. Gente que no tiene educación de vida". I laughed at his play on the word and kept playing cards with him.

***

My swift anger to these situations diminished as I got older, but it didn't sting any less when it would happen again. For those of us living in the Diaspora, we live in a constant state of "in-between," like that 1988 Mexican film, "Ni de aquí, ni de allá." We vacillate between worlds. For a long time, I felt misplaced and displaced. I didn't yet know that I could claim my nationality to the world in between.

For those of us in this "in-between," there is a constant state of travel, like we don't have grounding underneath us. But wherever we land, we still clap because we are mobile Homes. Because we had to make Home outside the geographic outlines.

For a long time, going to visit my family in Dominican Republic, required that I prepare myself for so many things. Mi lista de viaje incluía más allá de un pasaporte, unas maletas, ropa, y regalos. Mi lista incluía que la ropa que llevará, aunque fuese considerada "masculina," que fuese de colores más claros para apaciguar las preguntas. También incluía una preparación mental para el ataque de palabras que, aunque no fueran dirigidas directamente a mí, herían igual. Yo llevaba valor y confianza de sobrepeso para aguantar las agresiones diarias de un mundo que continuamente se me negaba desde que nací del vientre de mi madre puertorriqueña.

Que me nieguen tres mil… cien mil veces más. Yo sigo siendo el gallo que canta y levanta conciencia.

Sigo cantando mi verdad donde sea que me pare. Solo yo te puedo decir quién soy y por qué soy. Tu aprobación no es necesaria, ni solicitada.

My Dominican-ness doesn't depend on geography or place of residence or sexual identity or expression. My Dominicanness doesn't care if I'm eating pancakes or mangú. It doesn't care if I speak Spanish o si soy blanca como un vaso de leche.

I'm Dominican AF.

Punto.

Receta para mejorar la raza

Yoseli Castillo Fuertes

Uno.
Escoger el esperma
de un donante que sea fuerte y saludable
(la inteligencia la hereda de la madre)
con el pelo crespo
ricitos chiquititos y encaracoladitos
con piel color suelo fértil
negra
resistente a toda intemperie.

Dos.
Inseminar conscientemente
dar y sostener vida es el acto amoroso más transcendental
con o sin pareja
con o sin asistencia médica.
Como en todos los métodos orgánicos
los resultados no son garantizados.

Tres.
No buscar modelos
en la «madre patria» colonialista
sino en la madre tierra
nuestra pachamama taína
o Ile Oguere nigeriana.

Cuatro.
Amar, enseñar y proteger a le bebé
independientemente del sexo que tuvo al nacer
del género que quiera expresar al crecer
que su valor de ser
humano
no depende de ninguna marca física o abstracta
que ya por haber nacido
por tú haberle elegido
ya lo tiene
ya es.

A Queerness

Angelina Coronado

The first time I truly felt odd was not in front of a mirror, prodding at the folds of skin under my middle school uniform. It wasn't even the time in the third grade when Veronica Darcy stood with me while we waited for our parents after school, and on the arrival of my mother, she took one look at her and one glance back at me and asked, a look on her face as if she smelled something hidden and rotten: *why are you white when your mom's black?*

It was soon after that occurrence that I began to realize not all families were like mine: a kaleidoscope of shades and shapes that I would learn to simplify, compress, and explain away to anyone who asked a question -- a polite questioning, I'm made to believe -- while I watch their face twist into a familiar reaction that looks a lot like: *where is that smell coming from?*

No, it wasn't even then.

I felt most queer when I was seventeen years old, at a place I was convinced would save me: a humanities seminar at one of those "*we-have-small-class-sizes!*" kind of places. I think you may know exactly what I'm talking about. A few months prior to my attendance at Anderson, I was closely counting the days until I would be there, reading Derrida or Foucault or -- quick, open the literary theory anthology and pick a name from the contents. I'm sad to say this, but countless classes of observing New England prep school boys posturing until I began to mirror them to be heard did not save me. Neither did the enlightening conversation on Du Bois save me: the one where the Andover girl came into class, sighing behind her huge, pink frames: *Du Bois was such a Gemini!* Sorry, not even that. But this story is hardly about any of those archetypes. I suppose this is more about what I found sitting amidst it all, hollowed out like a cavity for me to fall into. At Anderson, I didn't find what I was looking for at all, or rather, there was nothing there for me but the taunting student loan bill in place of the light at the tunnel. Everything about my time at that very place is unclear to me now -- everything else, at least.

Sitting at the bottom of that hollow place was Ro. I remember their horn-rimmed glasses, the books they always held under the arm when haunting the library, and the faint umber complexion of their face that was aligned with mine in every way in that there was rage. An impertinence found home in their face and I thought I loved them already when I saw them because everyone else but us seemed to feel at ease at Anderson. The rage I met on their face turned into a question, then a name, and then back again.

Ro, a third generation Chicanx from Hawthorne in their final year at Anderson, commanded attention from the people in each room they walked into. Now that I reconsider this all, I wonder if it was truly them who drew in this effect from people or the tragedy that everyone knew. The tragedy, which sat in their place everywhere they were not, happened less than a year before our rage became acquainted. The tragedy began with love -- love for a girl who spent holidays at her grandparents' villa in Toulouse and wore lipstick so stark red that it made her look like a warning. It ended with a window left open, a mother xanned, and Ro, waking themselves every morning with the reminder that it happened. When I asked Ro about it, they told me on the night she died, she had left a mark on her cheek that looked almost like a kiss.

"Like a warning," they stated, trying not to laugh.

Ro was angry, but knew when and how to extend their rage, love, and the tips of their fingers towards yours so that you'd know they exist and you wouldn't leave.

I admit I shouldn't have been looking to be saved, but there I was, and there was Ro, who infiltrated my dreams from the moment I saw them for the first time outside the library, talking to someone about Melville, their Cortez sneakers neatly tied, a cigarette barely balancing between their lips.

That is all I remember from the first time I saw them as I was walking around Anderson, preparing myself before class to contort into whiteness, wealth, and then inside out again until I wasn't sure of myself at all. I walked into the room of that class, sitting myself down, and before looking up to see them I knew there in the room was Ro, sitting across the table from me, smiling at me because they caught me in the middle of my act.

La heterosexualidad es Colón: una escritura fugada de una exiliada política afrodescendiente

Mikaleah Drullard

Sobre el dolor de escribir a la no identidad de una marika

Corpo-pensando una estructura lingüística que tiene nombre y reglas en la lengua colonial: la pregunta. Senti-pienso escribiendo al mismo tiempo la mal-pregunta que se hizo valeria flores: ¿Podría una misma escribir en su contra? Y motivada por un dolor que ya no es extranjero en mí, sino yo misma, hoy en medio de profundos y alborotados entrecruzamientos que se materializan en mi cuerpo -que siempre han estado ahí - y que siempre, desde muy chiquita intenté negar…me propongo en contra de mí, contra mi voluntad, sin querer - ¡suéltame que no quiero, déjame ir, me niego a mencionar lo que dijeron que no sea, pero que al final soy, porque yo nunca fui ni seré, siempre soy en presente... y lo que me dijeron que ocultara si quería prosperar…! ...pero sigo, tendré que escribir en contra de todo lo que intenté ser. Ejerceré una acción prohibida para mí: la escritura. Porque las marikas no binarias, negras-mestizas-barriales, marcadas por el estigma de la enfermedad, depositado en nuestras carnes por el biopoder (pensando en Michel Foucault) nunca escriben…en contra de ese pronóstico heterosexual y blanco, me propongo escribir.

Escribir es doloroso porque es siempre un proceso introspectivo de recordar. Siempre que escribo de mí debo ver atrás y en medio, verme en medio de mis piernas... Eso me rompe porque mi cuerpo no es propio, es de la matriz de inteligibilidad que permite la dominación de la heterosexualidad como régimen político. Soy el producto de la biopolítica y del régimen fármaco-heterosexual. Me llamaron varón, me llamaron hombre, me recetaron heterosexualidad. Escribir duele porque debo de verme las carnes negras, mi cuerpo mestizo descrito como "dañado" de fábrica, manchado, colonizado y colocado en la zona del no ser y bajo la línea del ser (Fanon y Grosfoguel) por el sistema racista de la colonialidad CisHeteroBlanca ... Escribir también es verme a mí y solo a mí, sin máscaras narrativas de la historia occidental, es dejar el aparato conceptual que me desarma para describir al mundo, y solo escribir desde y con este cuerpo que habito, que al mismo tiempo que es re-existencia, es también un recordatorio de los traumas que habito. Entonces me propongo escribir sobre esta marika-trans no binarie-enferma-negra-tercermundista que soy.

No me interesa ser humana, ni blanca, ni ciudadana ni estar representada. No resumo lo bueno de nadie, soy todo el mal de sus sombras. Reivindicar la identidad a partir de un crisol y mezclas culturales es un metarelato colonial y eugenista. No tengo nada que reivindicar del blanco, reniego de él y ella, creo que la blanquitud debe morir de una vez por todas. Soy una prieta, negra, india, por estar construida como un paisaje heterodisidente, terrorista de la sexualidad hegemónica blanca que es efecto reproductivo de la familia nuclear y el heterocapital. Soy anormal por ser contraheterosexual y anticolonial, por alejarme de occidente para no morir. Soy una anormal, una no humana, una enferma, un sujeto inviable en la ciudadanía, soy negra, caribeña y producto del laboratorio colonial de europa en minúscula. europa es un veneno para las negras indias mestizas migrantes como yo. Soy afromestiza por ser racializada, manchada, entrecortada, atravesada, contrariada y contradictoria. Soy incoherente sin esperanza de+ ser congruente porque la esperanza siempre es blanca, no espero nada en las colonialidades que gestionan este mundo que por definición es un error. Soy mi inexistencia humana y mi resistencia como una vida que quiere vivir a pesar de no ser la subjetividad central que pide a este mundo occidentalizado y reterritorializado por la CISblanquitud. No tengo identidad alguna. Soy quien imposibilita las "razas", reniego de toda identidad, toda identidad es una mecanismo de captura de la matriz global de poder colonial, las identidades son cárceles, ser mujer es una cárcel, ser hombre es un cárcel, ser LGBTIQ+, es otra cárcel, son todas ellas prisiones que nos arrebatan la posibilidad cimarrona de fugarnos, de ser indigeribles en el CIStema y convertirnos en veneno para su estómago. Las identidades fijas terminan asimiladas en esencialismos, biologismos y en políticas deterministas del SER colonial. Las identidades claras, transparentes y con líneas claras son diseñadas por la inteligibilidad occidental para construir fronteras, enaltecer diferencias, estatalizando y nacionalizando y produciendo la subjetividad hétero-colonial. Las identidades son insumos que alimentan las lógicas del cisheterocapitalismo. Las identidades son importantes porque solo teniéndolas se posibilita el ejercicio de la fuerza de los aparatos del Estado. Las políticas de identidad que buscan posiciones tan concretas posibilitan legislaciones y programas públicos neoliberales que precarizan, criminalizan y asimilan a las múltiples subjetividades que podemos ser en el eterno devenir, en la fuga constante, en la frontera y en las orillas de los Estados – nazionales. Yo soy una negra enferma porque decido habitar la porosidad y los movimientos, no solo soy territorio, soy agua, soy olas y cauces que fluyen sin orden ni pausa alguna.

Mi identidad es no tener una. Por eso no me puedo definir porque sería encapsularme, no puedo definirme porque soy muchas cosas. Soy una discapacidad funcional en la dictadura heterosexual, en el capital, en la colonialidad, en la humanidad, en la blanquitud. Soy la fronteriza como Anzaldúa, la fundada y habitante del dolor, soy la mismísima amargura colonial, soy sobreviviente de un genocidio, soy sobreviviente de mis ancestras secuestradas de las costas de África y traídas forzosamente a estos territorios a trabajar hasta morir. Soy la sobreviviente de mis ancestras esclavizadas, soy la sobreviviente de mis ancestras "travestis" - aquellas que antes de que occidente las nombrara mujeres y hombres, eran más que un binomio blanco. Soy hije de aquellas que no eran varones ni hembras, solo eran antes de la maldita llegada de Colón y toda la empresa de europa.

Sobre el testimonio de supervivencia de una marikita

No necesito citas, porque mi vivencia es suficiente. Escribir sobre mí es ver mis piernas y ponerle nombres y motivos a las marcas de los correazos que me hizo mi papá por maricón. Debo recordar sus duras palabras y escenas de vergüenza que me hunden en dolor. Eso nunca se supera. La negación familiar siempre será un doble hoyo en el corazón. Hueco uno: Cuando te das cuenta de que siempre buscaste amor en el ceno de una familia nuclear heteroCISblanqueada, que te quiere fragmentada porque nunca quiso ni quiere esa parte de ti. Hueco dos: Cuando las palabras de tu mamá son: ¡Mira muchacho'er diablo, quítate esa farda! Y que, a pesar de esto, amo profundamente a mi madre, pues sin ella no hubiera sobrevivido. Es de esta contradicción de la que hablo.

Fui evangélico pentecostal, testigo de jehová, adventista

y católico. Hablo en masculino porque en ese momento habitaba forzosamente esa prisión. Busqué liberación y paz en el colonialismo cristiano centrado, es decir, en el infierno, o mejor dicho en el cielo de occidente... justo con quienes me dijeron: "arrepiéntete, cristo viene pronto, el diablo te va a llevar". Yo solo quería dejar de ser maricón. Yo solo quería tener una novia. Yo quería una esposa e hijos. Y claro, me construyeron el deseo heterocisblanco propio del heterocapitalismo tardío y fui formateada para desear tal cosa, tan mágica como deseamos las cárceles desde nuestras ciudadanías de bien o criminales... Yo quería demostrar al mundo y a mi familia que susurraban en mi cara, que se equivocaron, que no era una marika, que no me gustaban los hombres, que no me gusta mamar-guebo, que no, que no, que no...

Yo no migré, yo me fugué del territorio ocupado por la nación criolla de República. Dominicana. Soy una exiliada política, pude escapar, pero mucha gente monstruosa como yo sigue atrapada ahí todavía. Yo me escapé. Yo me fui. Yo decidí no estar allí, yo me volé de Sabana Perdida, del barrio. Traicionando las culturas como lo hizo Gloria Anzaldúa. Yo hui de mi gente, de lo tíguere. Yo les chivatié. Aunque sé que la culpa es de la colonialidad que nos hizo tragarnos los valores de la blanquitud, ellos no son inocentes. Esos chamaquitos del barrio empobrecidos y en la miseria como yo, que me decían mariconcito sin yo hacerles nada, mujercita cada vez que iba al colmado, junto a los murmullos a gritos que se escuchaban por la cuatro esquinas de las vecinas chismosas: «pobre Juana, ese muchacho le salió dañao, mira cómo se palte», también a ellos les escupo, les traicionó, me les fugo...porque ellos también tienen la culpa de mi autoexilio político.

A mí siempre ser varón cis heterosexual me asfixió, me ahogó. El pantalón de hombre me apretada, la heterosexualidad me limitaba, me quedaba chiquita, to´ esa vaina me mataba. Crecí en prisión, en un lugar de encierro bajo órdenes contra mí: «Mikaleah, no camines así», «Mikaleah, deja de ver novela», «Mikaleah, deja de usar las sábanas de vestidos», «Mikaleah, deja ver concursos de belleza», «Mikaleah, no pongas la manos así», «Mikaleah, no te juntes con niñas», «por eso es que te dicen lo que te dicen, tú te lo buscas». Me arrebataron mis amigas desde muy pequeña, ahora que lo pienso siempre la CisBlancaHeterosexualidad me arrebató mucho.

Mami me decía: «Muchacho ¿por qué no puedes ser normal? Te voy a matar un día, ¿no te puedes quedar callado? ¿Siempre debes de responder?» Yo para todo tenía una respuesta. Tengo muchas marcas de golpes en mi cabeza de cosas que mami me lanzaba cuando yo le respondía: cucharones, cepillos, frascos, vasos... Ella me lanzaba cosas porque ya era más rápida que ella, lograba escaparme con más destreza. Creo que ahí desarrollé mis buenos reflejos, es difícil que me agarren. Yo sabía todo, ya tenía un modus operandi: ella decía algo cisheterosexista, yo le respondía medio-lejos y me iba corriendo. A veces me alcanzaba su lanzamiento, otras no. He escapado muchas veces del mundo. He escapado de la policía y he estado casi en sus manos. Mi mamá me entrenó. Así es como me escapé de ese territorio. En el escape siempre ha estado mi agencia para la sobrevivencia. Soy une cimarrona. Si no escapo me agarran, siempre tengo una mochila lista para salir corriendo.

Me decían blanquito, porque ese paisito es tan racista que la negritud se mide por el nivel de melanina. En algún momento yo interioricé ese racismo, luego me di cuenta del racismo interno que habitaba en mí. Cuando salí de Santo Domingo me di cuenta de que era negra, negra, negra. No estando en el Caribe, me di cuenta de mi afro descendencia. Me dijeron negrito Bimbo en la calle. También me revisaron mi cabello afro y hasta los calcetines en el aeropuerto de Guadalajara cuando llegué a México. Mientras, dejaban pasar a verdaderos blanquitos de la maldita europa, sin pedirles nada. A mí me detenía la policía migratoria por tener el perfil que buscaban de un «ladrón» en la avenida de los Insurgentes en la monstruosa Ciudad de Méjico. La Migra me vigila, solo están esperando que falle para deportarme. Lo sé, he recibido su trato por 8 años ya, en este territorio ocupado por el nacionalismo mejicano.

Mientras encontraba explicación del mundo, me di cuenta de que el mundo es un error, es una gran equivocación. Busqué apoyo en el feminismo y me echaron por no ser mujer natural biológica. Fui a los movimientos antirracistas negros, y midieron mi melanina, cuestionaron mi afro descendencia y me dijeron «cállate, deja que hable la más oscura». Les re- negué y me largué. De mejores lugares me han votado.

Toda mi vida he puesto en jaque la heterosexualidad asegurada de mi familia católica sin pluma. No se lo esperaban. Les agarré en la bajaíta, puse en jaque el afrocentrismo que sin darse cuenta replicaba y reproducía el esencialismo occidental mientras sostenían la insostenible defensa sin contradicciones de la identidad binaria heterosexual. Las feministas esperaban que me quedara en la puerta esperando la entrada, les dije:

«cómanse su feminismo por excluyente y eurocéntrico». Se creen transparentes y coherentes, pero no saben que la coherencia es blanca. Muy críticas, pero siguen replicando la lógica dicotómica del pensamiento patriarcal de occidente. Dejen ya el control.

Yo soy una encrucijada, un tejido de mil hilos, no soy ni de allá ni de aquí, mi casa es la contradicción y la incoherencia. Vivo en múltiples tiempos. Soy algo no descifrable para régimen dictatorial de la colonial cis heterosexualidad capitalista. Yo le escupo al blanco por su racismo, pero también al negro transfóbico por su esencialismo CISexista.. No me llames gay, nunca he vivido en la homonorma, ni queer eso es otra captura de la matriz de poder. Yo no soy nada y soy todo al mismo tiempo. Soy una marika afro - india descendiente que renuncia y reniega de cualquier lugar cierto de definición y decide habitar en las orillas desbordadas de este mundo que debe desaparecer, pensando en la prieta Anzaldúa...

La heterosexualidad es Colón

La heterosexualidad es la ONU. Es el Estado. Es un régimen político, usando el concepto de Monique Wittig. Lo que la Wittig no dijo es que es un régimen colonial -racista, eso seguro debido a la blanquitud universalista que se lo impidió ver. La heterosexualidad es un CIStema arbitrario, violento y dictatorial que privilegia a quienes son heterosexuales, dotándoles de sentido humano, ciudadanía, derechos y reconocimiento como sujetos válidos, centrales, herederos y dueños del futuro, debido a su capacidad capitalista reproductiva y productiva. La heterosexualidad funda la colonialidad del mundo y sus instituciones represivas como la policía, la familia nuclear blanca de la plantación, el matrimonio, la iglesia y el Estado, instituciones que dan sentido al modelo de acumulación y de propiedad privada propios del sistema capitalista-moderno. La heterosexualidad es *dueñidad.* Es fundente de los sujetos hegemónicos posibilitando sus existencias.

La heterosexualidad es en sí misma una violencia colonial, así como el Estado también lo es. La heterosexualidad es personificada por las ciudadanas ocupantes de los asientos del frente, blanquitud que permite no solo la explotación y despojo de vidas y recursos de la subalternidad, sino que configuran las vidas desde un universalismo cristianocéntrico, dictando dogmas morales de ser y estar. La heterosexualidad es la colonialidad del ser, pensando Nelson Maldonado. Solo se es humana si se es heterosexual. Se es hétero cuando se acceden a derechos humanos por nacer humanos. Las marikas prietas indias afrodescendientes como yo, no nacemos con derechos humanos. Esos derechos están reservados para quienes participan en el contrato social, a donde no hemos sido invitadas y donde es necesario poner plata para participar. La heterosexualidad ha obligado a que la disidencia sexual sea heterosexualizada, por eso hay matrimonio igualitario y adopción homoparental. La excusa para pedir más control y reconocimiento a los aparatos represivos del Estado es la necesidad de tener derechos, el clamor de ser diverses dentro del contrato heterosexualizante y colonial, lo cual es completamente neoliberal. Vivimos en un mundo donde para tener "derechos" se debe ser heterosexual, por eso quienes somos marikas negras, enfermas, no binarias, no estamos dentro, vivimos (sufrimos) desbordadas en las líneas abismales de los Estados. Somos las abyectas, por ser marikas tercermundistas y no ciudadanas, porque la ciudadanía siempre es blanca. No me interesa tener ciudadanía en la colonia. Dicho de otro modo, la heterosexualidad es la colonialidad del saber, pensando en Edgardo Lander, el conocimiento está estructurado en la ideología heterosexual y no hay existencia de inteligibilidad y entendimiento si no son en sus términos. La heterosexualidad no solo es un régimen, es sinónimo de blanquitud y supremacismo.

La heterosexualidad es unilateral y universal, no cabe dentro de ella la pluralidad de sexualidades. Es heterocentrada y dueña de la capacidad de SER y EXISTIR, permitiendo el establecimiento material de privilegios ilegítimos y coloniales a costa del exterminio a través de la patologización y negación de sexualidades e identidades otras que se escapan de la plantación de Colón.

La heterosexualidad, como el racismo, es colonial. Si entendemos la idea de «raza» como un dispositivo de poder que sirve para clasificar y jerarquizar unas vidas blancas sobre otras vidas expropiadas y racializadas en el sistema mundo moderno colonial, pensando en Ramón Grosfoguel y Anibal Quijano.

La heterosexualidad sirve como mecanismo para hacer posible existencialmente las vidas humanas a través de la lógica de complementariedad reproductiva cristiano céntrica y binaria, propia de la colonialidad, donde para tener reconocimiento de existencia se debe ser mujer o hombre exclusivamente en un entramado moderno-colonial, es decir, todo lo no heterosexual, es expulsado de lo humano y lo reconocible. La heterosexualidad es biología. La biología es una invención del CIStema. La biología es un producto discursivo emanado de la relación saber-poder/ bio-poder, pensando en Michel Foucault. La biología es represión, la biología heterosexualiza y blanquea el mundo, determinando nuestra subjetividad. Hay que entender que somos más que el discurso colonial de la "ciencia", somos un proceso y nunca un estado.

No se nace con sexo, sino que el CIStema, dígase el régimen heterosexual y la colonialidad de la sexualidad binaria del cuerpo, lo inscribe dictatorialmente en el cuerpo. La biología es sinónimo de política-colonial, es un discurso blanco y no es «transhistoricidad». Lo «trans» como proceso de construcción autónoma subjetiva, no se limita a lo binario, las personas trans no solo son mujeres y hombres, hay quienes somos trans no binaries, que significa habitar la transitividad como deslocalización del régimen categorial dicotómico «mujer y hombre». Las personas no binarias no somos cis y existimos. Negarlo/cuestionarlo, exigir una visibilidad binaria /binomial en la heterosexualidad, exigir una "apariencia" producto de la construcción occidental de las categorías mujer y hombre, exigir medicalización, no solo es *capacitista* sino transfóbico. El passing nunca debe ser una exigencia cuando se es trans. No le debo *passing* ni visibilidad/ apariencia a nadie. No hay que encarnar las políticas del género/ sexo/sexualidad, hay que matar ese raci-fascista papal que habita en una. La disforia de género no es un requisito obligatorio para transitar, puedo resignificar y meta ideologizar. Chela Saldoval - mi cuerpo, dotándolo de un contenido otro, que escape de las lógicas binarias heterosexualizantes. Nunca hay que ser compañeras ideológicas de las terfs.

La heterosexualidad es control, disciplina y administración de las vidas en el mundo dentro del capitalismo. Es un error entender que la heterosexualidad se define únicamente como una relación- atracción sexo afectiva entre personas que juegan dentro del binarismo occidental sexo-género. Más que eso, la heterosexualidad es una represión. Su existencia es posible porque es una gestión de los recursos del mundo. La heterosexualidad es una herencia colonial, su presencia se faculta por medio de la imposición de la dialéctica binomial de género, que construye como una forma de humanidad la feminidad y la masculinidad, materializados en la subjetividad «mujeres y hombres», como una única forma de vida.

No se está vivo si no se es heterosexual. No se es heterosexual si no se es mujer u hombre. No hay opciones sino una opción, no hay oportunidades sino una oportunidad. La heterosexualidad es un carné credencial que se asigna dictatorialmente por el aparato biopolítico-médico institucional que ordena la vida dentro de las estructuras de dominación de la colonialidad en un binomio subjetivo en lógica de complementariedad. La heterosexualidad es la blanquitud en sí misma, que, dicho en otras palabras, es un derecho de propiedad que da pase directo al pacto reproductivo cristiano-occidental centrado, siendo capacitístamente funcional en el colonialismo capitalista. La producción es sinónimo a lo heterosexual y yo me niego a ser todo eso.

La heterosexualidad es una institución cultural de culpa y una máquina política de castigo. Es la escuela. Allí desde muy pequeñe me echaron, porque nunca fui varón, yo nunca he sido un hombre. La heterosexualidad nace como constitución. La iglesia, la escuela, la familia, la policía, el ejército, las instituciones médicas y sociales, la sociedad misma y el Estado coercitivo que la compone, son colonialmente heterosexuales. Las cárceles no solo son las rejas, son las ideas que nos sujetan como sujetos heterocolonizados, LA HETEROSEXUALIDAD ES COLÓN.

Siempre me hago la misma pregunta en todos lados, ¿quién soy?

No soy queer, cuir ni kuir porque todo eso es blanco y moderno.

Los queers viven en Berlin y San Francisco, en el Norte Global. Lo queer es una identidad reterritorializada y heterosexualmente diversa dentro de la subjetividad hegemónica blanca.

Lo queer es ser blanco y homosexual.

La vida de la queer blanca importa.

No soy homosexual, eso responde a la homonorma de lo que debe ser un buen ejemplar gay y lesbiana. Reniego de las siglas LGBTIQ+ porque han sido asimiladas e integradas a la matriz moderna del capital. Son todas esas identidades normalizadas y reguladas en lo cisheteroblancocolonial.

Quienes niegan derechos laborales y despojan a pueblos de sus territorios son las mismas transnacionales que marchan con la bandera arcoíris una vez al año en el mes del orgullo.

Lo gay y todo lo lgbtq+ es neoliberal.

Les niego.

Las negras racializadas, prietas e indias tercermundistas, somos marikas, maricones, jotos, y pájaras...

Somos calibanes, somos las otras, las des-humanizadas.

Soy no-binarie, soy una marika travesti. Soy lo abyecto, soy la bestia. Soy travesti.

Yo nunca soy yo, existo en lo relacional, soy porque somos, soy en lo colectivo.

Yo sé que es vivir en las orillas del abismo, ese lugar ha sido siempre mi casa.

Soy la malinche.

Escribir sobre mí es traicionarme a mí y a toda mi gente, porque revelo lo colonizadas que seguimos siendo.

Colón no ha muerto, y es hora de hacerle pagar, es hora de que muera de una vez por todas.

Las repúblicas herederas de los procesos independentistas se han encargado de mantenerlo vivo en un coma inducido. Hay que asfixiarlo con su propia almohada que guarda la iniciación de su genocidio.

Yo no lucho contra la homofobia, lucho contra la colonialidad de la matriz del capital,

lucho contra el régimen heterosexual,

lucho contra el internacionalismo derechohumanero,

contra los organismos intergubernamentales y sus Estados que sostienen el hetero-supremacismo blanco.

Yo soy el río que les cruza, soy la afro – india que siente, soy la marika-travesti que reclama la disidencia y sueña con la abolición del Estado y todos entramados institucionales, soy la abolicionista carcelaria, la travesti del barrio, soy la migrante criminal, soy la negra de todos los sitios, soy la mancha, soy la enferma e incapacitada, soy la Calibán que maldice al amo, soy quien quema la Casona y la plantación con ellxs dentro.

Otras referencias:

2009. Frantz Fanon. Pieles negras, máscaras blancas. Akal. Madrid, España.

1992. Wittig, M. Pensamiento heterosexual y otros ensayos. EGALES. España.

2019. A. Quijano. Anibal Quijano ensayos en torno a la colonialidad del poder. Ediciones el Signo. Duke University.

Plegaria para la humildad

Yuderkys Espinosa-Miñoso

Una bomba cae sobre la ciudad
y la ciudad florece
como mi tierra florece
ante tu llegada inesperada

En este preciso momento
en que alguien llora
y la dicha ha tocado a mi puerta
que el despotismo no me invada
ni la burla impiadosa
por las almas solitarias de este mundo
que no se me olvide el desamor

DAYS

Daga Gautreau

Days

Dice

Ay

I

Daga Daga

Daga de plata

Se asoma, Daga

La sangre se cuaja, Daga

Quien no muere, mata

Dice Days

Who's playing tonight?

Who dares to take the stage and perform for the audience?

Today

Sin mascaras!

Who would climb the stairs?

Stand in the spotlight?

Days?

Who would open the curtains
for the horror show?
Days?

Will they swell the sorrow for the picture, the glow?
Days
Dice

Who will play this deadly game?
I?
Tonight
Ay!

———

TRAN S IN

Daga Gautreau

Estas masas que brotaron a media mañana
dividiendo en viejo y nuevo mundo el espacio en que habita mi ser eterno
justificado en su tamaño todas las veces que me han estuprado,
yo no las quiero.

Estas mamas que me hacen fiera, hija de Lilith, cómplice de la culebra,
es un peso que cargo de frente, siempre llega y habla primero,
me limita a adorno, juego y accesorio,
yo no lo quiero.

Crecieron, haciéndome del segundo género,
fetiche de los transeúntes.
Se interpone en mi libertad de expresión,
en mi descanso, en mi trabajo, en mi cara, en el espejo.

Quise ser humane
crecieron-me estos extraños seres: el delirio divino aplastando lo etéreo.
Me anclaron mujer paridora de abortos, pecadora,
fantasma huidizo de la luz que se manifiesta en sueños.

¡Atención, atención!
Yo no las quiero.

Provocadora de furias eternas,
el desenfreno de los hombres,
yo pedí que me mataran,
en cambio me torturan con acoso callejero.

Yo soy la histeria,
la histeria del inframundo y del cielo.
Atención, Atención
Yo no las quiero.

¡Atención, atención!
No tengo género,
no soy del primero, tampoco del segundo.
Fluyo en este espacio y tiempo.
divino misterio.

Fruta, The Stoop Talk Sessions

Greisy Genao

Like most August days in NYC, the heat held the block hostage. It had reached a high of 104 degrees Fahrenheit, to which the people of Martense responded with wrenches and esquimalitos. Shirtless kids with cherry Icee-stained tongues gathered around the teens who were cunning enough to undo the fire hydrants. Peeking over their shoulder every now and then for the pigs, they worked the wrench around the massive cast iron ring of the fire hydrant until the water began to squirt; first in guttural bits, and then gushing limitlessly onto the street. It felt like the ocean had come to greet them.

Angela had invited Samantha over for this very spectacle. She knew how beautiful it was to watch her community come together under the selfish sun. She marveled at her block as moms came out with babies on their hips, doobies holding their hair in place like armor against the summer frizz, uncles slamming dominos on beat to the salsa blasting from neighbors' stereos bumping La Mega. The cacophony of her community on days like this, she convinced herself, was another reason to stay too.

Angela turned her head away from the shoeless boy attempting to stop the ocean with his small bare hands to sneak a glance at Samantha, who sat right next to her. Their knees were slightly touching, Angela noticed. And just as she had assumed, Samantha was smiling to herself as she looked out onto the magic happening on the street. Angela enjoyed this about Samantha-for as loud and opinionated as she was, she shared the same observant energy as Angela.

Angela had known Samantha for about three years now. They'd both gone to the same high school, and this was the summer before Samantha would go off to some small liberal arts school in the middle of nowhere for another four years. They were on the softball team together for two years, but it wasn't until their junior year that they got really close.

Angela's original plan was to also go off to college, but she chose to stay in the city. Her mother had recently gotten sick, so leaving was just not an option for her. Even though she had been accepted to all the SUNYs.

Angela had a secret, and that day was the day it would come to light. Since Samantha was leaving, Angela had nothing to lose. Samantha must have felt Angela's eyes piercing her neck because she turned to look at her too, holding Angela suspended in that moment longer than necessary.

"You good?" Samantha asked, her face serious, but slowly breaking into a smile. Right when Angela was about to say "No, I am not, actually, because I want you and you're straight and I think I am too but my hands start twitching whenever you're too close--" the siren ripped through the air. Blue and red lights came flashing down the street and the people who were dancing in the sun one second, scurried off into their one bedroom apartments the next. There was one kid though, tall and lanky with dark brown curly hair, who wasn't quick enough. It was the same kid who had opened the fire hydrant, the bright green wrench in his hand allowing no room for argument.

The cops were calmer than usual that day. They didn't tackle him to the ground and they didn't pull the wrench out of his hands and handcuff him like Angela had seen them do to her cousin Jose. They just stopped him, took the wrench from him "*nicely*", and told him that fire hydrants were for fires. They obviously must have not felt the sun from inside their air conditioned squad cars.

Samantha and Angela watched the whole altercation between the cop and the kid from the safety of Angela's outside staircase. The fire hydrant was about three houses down from Angela, so they had a pretty good view of the kid as he frowned and puppy dog-eyed the cops. Samantha laughed.

"Stupid ass cops. It's too hot outside for this."

Angela laughed too. "For real. Acting like this heat ain't basically a fire."

They watched as the cops called the sanitation department to come close to the fire hydrant. When they got here, the sanitation workers seemed annoyed by the cops, as if it were too fucking hot, as if they had better things to do then ruin the lives of a block full of overheated children. The moment- the water stopped pouring out of the fire hydrant, the heat returned. It was 8:20 pm, and the sun wanted to get in its final few licks before the moon swooped in to save the night.

Angela felt something tickle her ear. For a second she thought it was Samantha, but the mosquito flew past her again, its buzzing as intimate as a whisper. Samantha saw this, and attempted to kill it by boxing Angela's ear. The back of her earring dug into her neck. The mosquito was gone but Angela still heard some buzzing. Her cheeks were so many levels of red.

"Oh shit, oh my bad, my fault! I'm so sorry, there was a mosquito and it was big as fuck and I didn't want it to bite you! " Samantha began to rub her hand against Angela's temple, singing "sana, sana culito de rana." Right when Angela was going to chime "it's actually *colita de rana",* Samantha gently grabbed her by the face and kissed Angela's cheek, presumably to "make it better."

If she wasn't already red from the slap, she was now. And yet in the heat of the moment, the summer night, her blushing cheek, Angela still managed to stammer "Want to go inside?"

***

"¡Siéntate, siéntate! Do you need some water?" Angela's mother Brunilda brought them both glasses of water and a plate of Keebler crackers with slices of queso geo. "Samantha, ¿has probado el queso geo? Delicious. I'll send you home with some so you and Ursula can try it fried... Unless she's diabetic, then don't give her that."

"Thanks Ma, I think we're just gonna take these to my room. We have mad summer homework to do." Angela picked up the plate and her glass, and ushered Samantha into her room.

"Bueno. ¡No me hagan reguero!" And if I see a roach come out that room, I will put it in your breakfast!" Brunilda chanted in the background as Angela and Samantha shut the door of Angela's room behind them.

Angela's room still had remnants of her sister in there, but for the most part it was pretty reflective of Angela. Her sister, Ashley, was in her third year of college, and was gone for a summer internship in Chicago. Before she went away, they shared the room. Ashley left all of her lights and her Aventura poster, as well as a decade-old purple lava lamp. Angela didn't throw any of her sister's things out, but never admitted to anyone that asked that she missed her big sister.

Inquisitive as always, Samantha studied the room, picking up an assortment of Angela's things: her copy of *100 Years of Solitude,* her Dominican flag, an empty tin cup that once contained Sunny D. She also picked up a condom from the tin Ashley left behind on top of their drawer.

"Damn Angela, you be getting down like that *this* much?" Samantha smiled, putting one of the condoms away in her back pocket. Angela smiled awkwardly, and shook her head, anxious that Samantha might pick up on the sound of her stomach dropping. Samantha rolled her eyes and finally stopped touching things. She took a seat on Angela's bed. She took off her Nikes, sporting blue fuzzy sucks despite the heat.

"So what's up? You been looking all jittery for the past week," Samantha said to Angela as her eyes scanned the poster of Donnie Darko on Angela's wall.

"I… I don't know. I just been feeling weird. And I need to tell you something." Angela stared at her own hands, picking at the grime underneath her nails left from neighborhood softball games. Samantha caught her doing this, and moved Angela's hand away from herself. There was an unexpected softness to Samantha that Angela had hypothesized, but never actually experienced. Her fingertips were warm, and sincere. They unlocked Angela's hands from each other as if Samantha's hands knew them better. They were a light brown, as if she awoke every morning offering her touch to the sun, only for her hands to be caramelized in the process. They seemed to fit perfectly in Angela's pale hands. Samantha's pinky was a little crooked, but a small beauty mark rested on its knuckle. Intuitively, Angela's hand moved to touch it. Not really knowing why, not desiring to fix it or readjust its crookedness, but perhaps just to memorize it.

"What?" Samantha asked softly.

Angela looked up at Samantha, never realizing until that moment exactly how dark Samantha's eyes were. They looked like tiny black holes, pulling Angela in without her consent. But everyone knows that the closer you get to a black hole, the less likely you are to survive. To get through. To permeate space time.

And yet, they kissed. And there they sat. Sitting in a moment that would return to Angela always, and forever, and light years away.

1. Homecoming

Gina Goico

It's so hard to come back home,

I plan to do a zillion shit and I end up doing like 3.

It's like I want to relive 23 years in a weekend and a half, while exploring new places and seeing old faces.

Coming back home is weird.

I see myself before coming, making plans:

I'll record, take photos, relax, exercise.

Then I come and I freeze.

All of the sudden I don't have the guts to face shit:

I don't want to deal with my mom.

I don't want to deal with my husband

I don't want to deal with the limbo,

With going back,

With e v e r y d a y.

It becomes difficult in the practice to heal trauma and document it at the same time.

I Used to Be Latin, But Not Anymore

Luis Guzman Valerio

Both Pre-K and Kindergarten were bilingual. I lived in Elmhurst, Queens, and took the bus to school. What neighborhood we were taken to, I cannot tell you.

In Kindergarten, we weren't allowed to go to the bathroom by ourselves. We had to go with a buddy, another student of the same sex. This meant that all the little boys in the class ended up playing, "I'll-show-you-mine, -if-you-show-me-yours." I don't know what the girls' experience was like. As little boys, we didn't really care about the little girls. They didn't enter our realm of consciousness. It was gender separatism all the way as far as our group of friends was concerned. I don't think there was a single little boy in the class that hadn't looked at a classmate's penis. I know I rubbed my body against other classmates, kissed them, and pressed myself up against them in the bathroom, and other little boys did the same with me. We were curious. We talked about it. I remember whispering to another little boy who I had kissed, "Yo me besé en el baño con Abel." We weren't inhibited yet by gender roles or boundaries between our bodies, or boundaries between languages for that matter. By the end of Kindergarten, I had seen plenty of little penises and learned the alphabet in both English and Spanish.

I think that it was through this experience in Kindergarten that I learned that I was definitely attracted to other boys. In terms of identity, I learned that I was a speaker of English and Spanish and liked boys, not girls. My identity took shape. My sense of self was pretty solidified. This realization prepared me for what would come later in life.

I was in my twenties in English composition class at City College when my professor used Richard Rodriguez and *Hunger of Memory* to talk to me about me. I felt like an object, a social phenomenon that she had an opinion about. I was bewildered. Who was this man that she was comparing me to? By my thirties, I felt ashamed of being called bilingual and discussing the fact that I had had bilingual education. "You're bilingual." It felt weird being called that. For many years, the political crusade against bilingual education and bilingualism in this country was successful. For a while, I was ashamed of who I was. I was in my forties when I got into an argument with a public school principal who was drunk and high on pot in a gay bar in Sunset Park, Brooklyn, the neighborhood I wrote my dissertation about. He said, "Bilingual education has no theoretical foundation" and cited Richard Rodriguez and *Hunger of Memory* as proof that bilingual education is detrimental to a child's linguistic development and that the Spanish language should be abandoned. I benefited tremendously from bilingual education. If it weren't for bilingual education, I would not be able to choose to write these words in English. I would not have the sensitivity to language that I have. As a matter of fact, as a poor, immigrant child, school and language were all I had.

Throughout elementary school and well into adulthood, I've had to experiment with coming out of the closet time and time again, figuring out whom to tell and whom not to tell. Even before figuring out what to call my sexual identity, I knew I was different in that I was attracted to people of the same sex. Juggling and figuring out linguistic, national, and ethnic identities seemed to me like a much more subtle game. Why was it that by fourth or fifth grade, I came to associate the term Puerto Rican with a negative connotation? How was it that by sixth grade, I understood that the French language had a positive connotation and carried prestige? The truth is that any term used enough in a positive or negative context can convey a negative or positive connotation to the listener. This is how I learned as a child that bilingual and Puerto Rican were bad, while French was good.

As an adult writing this, I have a Ph.D. in precisely this area of knowledge and I still have a hard time pulling these ideas apart. My Ph.D. program itself—in order to be inclusive and diverse—couldn't make up its mind as to what it wanted to be called. This is how on paper I have a Master of Philosophy in Hispanic and Luso-Brazilian Languages and Literatures and a Ph.D. in Latin American, Iberian, and Latino Cultures. They seem like two different degrees, but really they're the product of a program that had an issue with identity and what to call itself.

The terms that society imposed on my identity were learned after kindergarten. It wasn't until first grade, back in the Dominican Republic, that I was called a maricón. It wasn't until third grade when I was back in New York that I heard my mother use the term hispano. It wasn't until fifth grade that a Romanian classmate named Chris asked me on the lunch line if I was a gaylord. It wasn't until sixth grade that I was called a faggot by another kid on the school bus. It wasn't until high school that I read a definition of the term Hispanic and began using it to describe myself. At first, I didn't know what any of these words meant. I was like, "Where did this come from?" Each time, the imposition of one of these terms felt a little traumatic, shocking. It took me some time to figure out what terms to use to refer to my identity. I was called many things. What I have been called and the terms I use to refer to myself have changed over time because my own identity has changed over time.

The terms used by others to refer to my sexual identity were negative for the most part, yet this was the most solid and secure part of who I understood I was. It wasn't until high school that teachers and my guidance counselor used the word gay—a positive term—to refer to my sexual identity and I soon also adopted this term.

The terms used by others to refer to my ethnic, linguistic, or national identity while growing up were pretty neutral: bilingüe, bilingual, hispano, Hispanic, dominicano, Dominican. Yet, my family seemed to hate itself. They hated me for being gay. I survived physical, sexual, and psychological abuse. My father and my little brother didn't survive. They both committed suicide. In my mid-thirties, my mother told me that my little brother had been born with fetal alcohol syndrome.

As an adult and an academic in my forties, I came upon the term Latinx. I was scrolling through Facebook and there it was: a profound pronouncement by a Facebook "friend" about the use of the term Latinx. It's pronounced Latin-ex. A great way of making fun of the term would be to say, "Latin-ex, as in, I used to be Latin, but not anymore!" It's a very wide, encompassing term. It goes beyond gay and Lesbian to include all sexual minorities and all gender non-conforming individuals. It goes beyond Hispanic and Latina/o. You don't have to be bilingual, hispanophone, or Spanish-speaking to be Latinx. You don't even have to be Latin American in order to be Latinx. So, what exactly do you have to be in order to be Latinx? The term is not unproblematic. As a linguist, I understand the term and what it's trying to accomplish. For me, it's supposed to be a term that encompasses both my ethnic and sexual identity and so much more. Yet, I have my reservations about it. Having been called many things in my own life and having used different terms to refer to my own evolving identity over the years, I could understand why someone would feel it as an imposition or a chimerical term, an ideation of ivory tower academics disconnected from the real world. And the truth is, will this term catch on outside of academia?

In thinking about this term, I think that as Latinx in the United States, maybe we need to distance ourselves from Spanish and from its attachment to Latin America. What named language words such as Latino/Latina/Latinx or salsa, Los Angeles, dulce de leche belong to is beside the point. These words can be English or Spanish or Spanglish. Let's say that we're discoursing in English, then the term Latinx is English. If we're discoursing in English, what difference does Spanish morphology make? Appealing to Spanish morphology when metadiscoursing about a term in English is just confusing and distorting the issue. Latinx is an English term, just like Los Angeles pronounced with a voiced palato-alveolar sibilant affricate g is English. In addition to this, there are many instances in discourse where the speaker/reader gets to choose what the x stands for. The speaker/reader can fill it in with whatever vowel or pronunciation he/she/they choose. I see no reason why this cannot be the case with Latinx other than a willful distaste of why the term Latinx is used. Furthermore, even if we are going to stick to the morphological level of language, if English admits Latin/Latino/Latina, it can admit Latinx morphologically, just like it admits other words that end in x.

But let's say we want to concede that yes, Spanish is a more conservative language just like Latin America is more conservative politically. Who cares? Maybe that's okay. Even if we are talking about Spanish, we're talking about ways of using language that occur in the United States and not in Latin America. By the way, I do not think that we can say that Spanish is a more conservative language or that Latin America is a more conservative place compared to the United States. First of all, these are vast generalizations, placing the United States on some type of liberal or enlightened higher ground. Second of all, it is not places or languages that are conservative, but people. People are the ones who make political and linguistic decisions, just like I can decide to make a political decision by using the term Latinx instead of Hispanic or Latino. Likewise, those who argue against the term Latinx are arguing for conserving the language as it had been before the advent of the term Latinx and are therefore being conservative by trying to conserve the language in an imaginary, prior state.

Likewise, Latinx Studies does not have to be Latin American Studies. Spanish in the United States does not need to be like Spanish in Latin America. It's okay for these varieties of language (i.e., Latin American vs. United States Spanish) and areas of knowledge (i.e., Latinx Studies vs. Latin American Studies) to diverge. Isn't the part and parcel of these fields of knowledge a construct anyway? It's okay for Spanish in the U.S. to be different from other varieties of Spanish whether in Latin America, Equatorial Guinea, the Philippines, or the Iberian Peninsula. We have no reason to justify our way of using language any more than we do not need to justify our existence as Latinxs. And this finally gets to the real social and political issue, namely, that as sexual minorities and individuals with gender non-conforming identities, and as bilingual, immigrant, and/or Latin American individuals, we don't have to justify our existence or ways of being to anyone. The term Latinx seems to be a reaction to both homophobia and hispanophobia. Maybe it's these two cultural phenomena that I should be writing about.

And, still, when speaking, I do catch myself using the term Latino or I might say something like "Latina, Latino, Latinx, or whatever you want to call it" because the truth is that change comes slowly and any of these terms can feel imposed. Throughout my twenties and into my thirties the term Latino felt foreign to me. It wasn't until I read Earl Shorris's book titled *Latinos* in my early twenties that I even gave the term some serious thought. I certainly never identified with the term Dominicanyork, but maybe this has more to do with the fact that I grew up in Queens as opposed to the Bronx or Washington Heights, not to mention the terrible homophobia and repeated rejection that I experienced from my own family for being gay. The academic in me would say that these are all socially constructed, negotiated, and/or imposed identity labels, just like separations between languages and gender norms are socially constructed, negotiated, and/or imposed. For me it was always the imposition of heterosexism or the violent threat of homophobia as well as the linguistic erasure implied in sentiments and policies against bilingual education and bilingualism that I felt as threats, not the constraints of an identity label such as Latino or Hispanic.

Bachata Boy

Manuel Aquiles Lopez Torres

¡Bachatéame papá!
Así no es, ¿verdad?
Bueno, así fue la vaina
porque el amor no discrimina
contrario a nuestra normativa.

Tráiganme un trago e inicien el requinto
porque hoy se bebe y quiero sentir el bajo…
Sé que estaban pensando grajo
pero esto tiene más que ver con bongos,
así que no me pinten como sucio.

Tal vez necesitaré una botella
para disfrutar más del ritmo de la segunda.
Esta no es una bachata de una morena,
que me guayó como una güira
pero sigue tradicionalmente amarga.

Incluye mucho duelo y emociones
cuales nunca me han tocado antes.
Siempre hay una primera vez
y con esto no voy hacer cortés
porque mi bachata se trata de un tíguere.

Él me capturó con su hermosura
con su energía única
una sonrisa que me derretía
igual como Raulín con Nereyda.

Un varón de veintidó, un chamaquito
pero hombre bendecido por Dios
velludo y completamente bello,
con la cara de un freco
me picaba los ojos tirando piropos.

Barbú, con pelo rojizo
un morenito clarito
con ojos dulcitos
completamente un caramelito.
Fue mi osito favorito.

A la vez, aire femenino
integrado fácilmente con lo masculino.
Entre las dos energías inició
algo divino de otro mundo
y sentí que llegué a mi destino.

Ese morenito que tu ve'
atrapa al que prueba su miel.
Un diablito con dulce,
enamora y se desaparece.

Ese morenito que tuve,
ya no quiero ni darle mente.
El amor me confunde,
perdido entre las vueltas del baile.

Estaba infatuado entre nuestros pasos
con las palabras que me cantó
cargadas de mucha obsesión.
Quedé fascinado
su labia fue toda una canción

escrita a lo Romeo
lo más romántico,
una poesía de fanático.
Con el fuego dándole a to'
entonces dime tú, ¿a quién no?

Cuando llegó el tiempo ni siquiera me entendió
cuando le explique que entre él y yo
había distancia a to' lo largo
pero a él no le importó
entonces la situación siguió.

Se lo puse de lo más claro
intentando ser honesto y sincero,
no quise relación de lejo'.
Él no quiso aceptarlo
entonces fui el malo y resultó que lloró.

Me dejé llevar de los sentimientos
pensando que hubo un acuerdo
de mantenernos amigos.
Mejor fue un trastorno y hasta poco
no quise verlo por necio.

Me hizo falta su cariño.
Al no tenerlo me dio frio.
Pronto me di cuenta que sin abrigo
andaba por el invierno buscando de nuevo
su calor para mi vacío.

Rechazaba mi propio dolor
dique siendo duro negando ese horror
porque a mí no me cuadró,
que tan rápido desarrolló
algo que nunca he sentido.

Quise escribir esta bachata como testimonio
para capturar al estilo Anthony Santos,
"Que digan lo que digan, seguía enamorado…"
me pegó el vicio de sus labios,
siendo impulsivo se me hizo fácil bailarlo.

Ese morenito que tu ve'
atrapa al que prueba su miel.
Un diablito con dulce,
enamora y se desaparece.

Ese morenito que tuve,
ya no quiero ni darle mente.
El amor me confunde,
perdido entre las vueltas del
baile.

Pensé que iba bien
así como capitán armé el plan,
un líder, un matatán
pero mejor se acabó el afán
y se rompió ese imán.

Ese tíguere se enfocó en mi punto ciego,
soy honesto, sincero, generoso e ingenuo.
Rápidamente quedé chocando
con la realidad desenredando
sus razones por la cual me abandonó.

Me fijé bastante tarde
que vino a cogerme de cobarde,
sus intenciones de aprovecharse
de mi corazón burlarse
para últimamente largarse.

Así como un pajarito
se bañó en el pocito
y por ahí se voló.
Cuando estaba nuevo y bonito,
ni pa' tra' miró.

Al fin me dijo que tenía conflicto
pero mejor fue un delito
tenerme guindando de un hilito
cuando confesó que a la vez le cantaba a otro señorito,
me hizo creer que era angelito.

Quedé perdido buscando dónde fue,
que no entendí el por qué,
que no fui yo, mejor fue él.
Nunca fui aquel escondiendo debajo del mantel
pero sin alcohol no hay cóctel.

Solo quise tenerte en mi vida y conocerte
pero para ti no fue suficiente.
Tuve que aprender y despertarme,
veo que me diste bastante
para al fin soltarte aun siendo unos instantes.

Orgullosamente hetero no soy.
Gracias a Dios le doy
por el hombre que ven aquí hoy,
cantando por ahí me voy
porque esta es *mi* bachata, boy.

Ese morenito que tu ve'
atrapa al que prueba su miel.
Un diablito con dulce,
enamora y se desaparece.

Ese morenito que tuve,
ya no quiero ni darle mente.
El amor me confunde,
lo perdí con las vueltas del baile.

Playing Pretend

Barbara Perez Marquez

Girls grew up faking what they were not. In the classroom, gossip spread faster than wildfire. Those playground games got replaced by material valuables. Makeup, hairdos, accessories. Whoever appeared more grown up, won. Gold medals were shaped like boyfriends. Cornered to provide a report, they pointed their searching eyes at me. I had refused to trade in my imagination for frivolities.

Yes, I'm seeing someone. He's older. No, I don't have any pictures. He's real.

Based on real life, with hearty fixings of 'what ifs'. It should've been none of their business, but girl code demanded sacrifice or blood would run.

In the back of the classroom, I ignored life sciences and thought more about my fictional self. The schoolgirl dream, an older boyfriend that would require further reporting.

He's doing fine, studying in university. He's 23.

Through their questions, I realized just how important this had become. Their own thriving lived vicariously through me. It wasn't until they got their own that mine became less important, and then forgotten all together.

Oh, we broke up, conflict of interests. But we ended it on good terms.

And then his story went untold. He returns to oblivion and the girls moved on. For me, it was just another story that kept their claws away from my throat. You've done well, playing along for another round.

For what it's worth, he was a good boyfriend. Even if we could never be, in the reality of who I really am.

Coconetes

Elizabeth Miller-Reyes

Manny sent postcards from England and Aruba,
and letters from Houston, New York and Wyoming
that yellowed in our photo albums.
There were red, green and yellow velvet
mariachi hats hanging on our walls,
ceramic green, German, lager mugs
in our China cabinet,
He drove a white'76 Monte Carlo,
the type everyone back in the DR
saw professional car drivers' race.
He was a gentleman
wore guayaberas, short brimmed hats
and women's perfume without knowing;
a Marlboro man in full, long mustache
who loved his gold-netted bottled rum.
He'd come home to be the kind of man
who disappeared on binges, cockfights and women,
who'd tied the Doberman at night,
ate the pigeons my brother raised,
and gave away our cat when it begged at the table.
She would bathe him, press his clothes,
put on his shoes and cook whatever meal he wanted.
I swore I would never be that
but would love to meet a girl so willing
writing inspiring letters, sending proud pictures
and expecting things to be different
I found his dirty magazines,
put on his boxer shorts and for years
the smell of alcohol and cigarettes
were my pheromones.
He inspired me to carry handkerchiefs
and collect cufflinks.
He hid coconetes under
the car seat for me to find;
it was my favorite game.
I was his little girl,
extorting money when he was inebriated
for the Barbie car I never wanted.

Craving

Elizabeth Miller-Reyes

I have traveled thru North Carolina,
Nashville, and Jerome
in search of great barbecue.
I wish I could tell you it was about the bark
That first thick layer of flavor
that imprints pitmaster to creation
or about the elaborate incubators
that breathe in and out smoke over meat
like prayers over a baby.
But it is primal, the return to Dominican roots,
the drinking of cool river-rock water
and for campfires to commemorate this connection.
These are the places I have skipped pass:
the long-dreaded trips to grandmother's house,
the shame of outdoor kitchens and out houses,
smoke permeated food I tasted but did not eat,
the dirt that followed us to the city when we returned
and my gratitude, I who once was
four pounds, seven ounces no one wanted,
sheltered long and slow in the arms of a woman
whose tobacco tang was the smoke ring
that rendered my tenderness.

Wascar

Elizabeth Miller-Reyes

When I was seven
I was part of a baseball casualty.
Captive behind wrought iron fence
girls can't play with boys
a hit made its way to me for the win.
There, by the Northfolk Island pine
its soft prick needles and minty sap
I was planted one.
I've never been a fan of baseball.
His name was Wascar.
Not Oscar. Not Walter. Wascar.
Teenage swag, soft curls,
light skin shimmering
summer-cinnamon freckles.
Wascar. Cotton pressed shirts
tucked into jeans,
belt matching brown-tasseled loafers.
I wonder if his mother
picked his name out of a magazine
after a Puerto Rican baseball player.
It's Anglo roots expanding the gap
between their house and ours
--so nice we could only afford to greet them.
Grandma said your name
is how much money you will earn.
I wonder if my bible-derived name
anchors me to poverty or
surrenders me as property.
In the Cibao, where she comes from,
they swap r's for i's. they call this
vocalization of liquid consonants
I call it the warm cradle
of a dulce de leche hug
when she called me mijija.

In Barahona, where my father is from,
they swap l's for r's. They call this rhotacization
I call it not knowing
my aunts and uncle's real names
reduced to two syllable nouns and sounds
desensitizing for utility.
In the capital, where we were born,
where plastic green bottle tops are baseballs
that escape by your feet and get you kissed,
we took liberty of adding or subtracting s's
and they call this a speech pattern
I call it no time for pleasantries
when your language is tethered to the US
but your skin and build are
grounded to African and indigenous roots
and I wonder, if after a while, they, like Wascar,
became tired of explaining themselves
exhausted of masticating bits and pieces
of their names for others to swallow.

Purpose of Lipstick

Elizabeth Miller-Reyes

Empty-handed in this 5th Avenue bar
the hallway mirror arrests me.
Her resemblance has caught up
with me. In petitioning gaze
and kindred sweat, we intersect:
Checking off beauty
like an errand once a month. Only she,
in front of the mirror
would unpin her utilitarian bun
let it spill
like opulent petroleum
down her back as if she
were prosperous and free.
Maja powder had enough influence
to color her cheeks yet not a smile
and in her slip,
dress and heels at arm's reach,
would assemble, and collate four children,
stack and jam them onto a hot vinyled cab,
stand in line to pay unreliable utilities,
have her pick of one the last butchered chickens
and hope there'd be enough left over
for a Penguin chocolate ice cream bar.
We suit up and show up like suckas.
Looking our best only to be picked off,
nail polish overlooked, clothes languid and wilted,
heckled by perfume that evaporates
in the chase for hazel eyes,
for with the purpose of lipstick.

deshierbando (weeding)

Elizabeth Miller-Reyes

Every recipe I learned
began with mother at the counter
and ended with bleeding nailbeds.
I resented these disciplines
repurposed them selfishly
squeezing cloves
not so my digits
learned to peel
and search
vulnerable fruit,
nor to overpower my hands
with the tacky funk that
tagged itself to me.
This is how mothers
prepared us for war:
by weeding,
choking dandelions stem,
extracting it whole
and bringing to light
its white-stained, tentacled root
our hips the casualties of squatting
—deceived into widening.
Years of pulling reinforced tradition
by welding our hands to our forearms
at the inside of elbows
they did not see us
debating old recipes with
words like Maillard and umami,
knitting pink versions of our sacred parts,
nursing a generation or cradling
the bloodied bodies of a nightclub floor.
Never did we imagine
ourselves comparing scars
across that same counter.
Perhaps the most feminist thing to do
is to forgive our mothers.

Única estación

Lauristely Peña Solano

A Aída

«No creo que yo esté aquí demás»
Siempre hace falta una mujer
de inconforme espíritu
que mutile el silencio
que sienta primero
y después.

three [sombra]

z.N. scott.

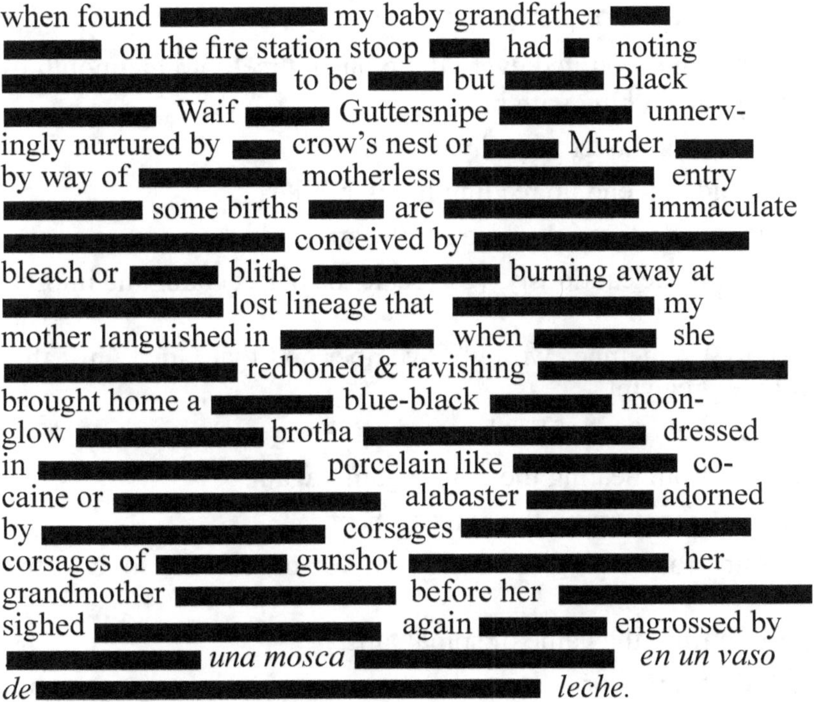

when found my baby grandfather
on the fire station stoop had noting
to be but Black
Waif Guttersnipe unnerv-
ingly nurtured by crow's nest or Murder
by way of motherless entry
some births are immaculate
conceived by
bleach or blithe burning away at
lost lineage that my
mother languished in when she
redboned & ravishing
brought home a blue-black moon-
glow brotha dressed
in porcelain like co-
caine or alabaster adorned
by corsages
corsages of gunshot her
grandmother before her
sighed again engrossed by
una mosca *en un vaso*
de *leche.*

venturecapitalistverse // pygmypoems

z.N. scott.

Offensive turns of phrase I made up.

I masticated. Vomited every delicious morsel into the mouth of a baby falcon blue with breathing.

Handful of leftover mandible.

What did you end up reading in my braille?

All the while I found you, a single, stray whisker.

Finding place cautiously, you locate the perfect odor and imprint of me to recoil in.

I know I remember wrong November and that Great Gust that got me pregnant.

In LA, every turn of Earth is an indifferent spoke.

Refrain from beating the horse again   again.

Refrain from turning the horse to beef.

Refrain from raping my syllabary, for once make love to my letter.

Refrain from the game of spinal taps.

Refrain from your contorted courtesy – chivalry a sliver of shiv in/to the womb.

Classic. Going backwards to attach alliteration, a little lattice.

Unmatched the tawing of my hide in your sun.

My cell, your microwave the wanton nuking of another city that used to be war-torn.

Where is that ever-flowing fountain? That place with no viscosity where the pennies never do anything but float and the wishes are washed up. Some call it Washington Heights.

Gimme a second, damn. You act like time ain't a poppet.

God's breath smelled somethin' sacrilegious today as he spoonfed me a saccharine shallot.

Refusal to brush teeth before bed, the charcoal stain of my sink reminds me of childhood stardom – in other words– another nova gleams in my enamel come morning.

Somehow you found yourself somewhere in the sepia-tinted whiteness of *TV Land* generations passed and you've been meaning to drive-by the Brady Bunch house.

I called your disconnected number for four more years after you ripped yourself from the phonebook.

Will Time ever put back on his uniform and fight?

is you a nigga or is you a bitch? boypussy electric in tension. I'd let him fuck me if he wasn't so busy asking for receipts.

bill-collector // boner-killer

mostly hard – as hard as i can be – when comparing my growth in centimeters as if a bird's eye view of my body is the right choice.

Notecard deck of microexpressions to feign feeling. I don't need those anymore.

The peacock theatrics of my father, anything but creative. If anything.

But in me he came a carpenter carving off-center concentrics out of splintery naps.

Cellar full of slag, mechanical bagpipe pistons ringing alarm.

Quimeras de un maricón

Ju Puello

Soñé que la isla era mía
que un maremoto se había llevao' a los políticos
que ya no había pieles blancas en carteles
que podía escuchar dembow sin que me crucificaran por
chopo que los policías no existían.
Soñé que besaba a travestis con sus pelucas afro
que un tipo me había hecho un examen de próstata
y que había ido con una ginecóloga para desmitificar mi
cuerpo. Soñé que teníamos un rapaparty en el parque Duarte
que el congreso había quedado destruido
que nadie quería ser presidente.
Soñé que llovía ron
que bailaba bachata con un cuero
y que tenía mucho cualto pa' paga'le.
Soñé que me había quitado las tetas
y que me habían salido pelos en el pecho,
pero que de barba era lampiño que bailaba en la Luperón con
unos tacos de to' tamaño que le corté la cabeza a Cristóbal
Colón soñé que hablaba creole y todas las lenguas ancestral-
es que ya no existían los géneros y el país se había llena'o de
masisí soñé que Santo Domingo era analquista. Pero no se le
puede pedir to' a los Orishas.

The Mission

Andrew J Rodriguez

"*Everything depends on this moment.*"

And then she's running, racing down a tree path leading nowhere. Behind her is a hoard of *monsters* just as fast as she is, if not faster. Sabrina The Sorceress, named after your favorite rainbow stuffed animal, could feel her lungs puffing up, but she can't stop, not yet. The path curves sharply ahead, and Sabrina sees the trees becoming less frequent; the end is near. At the sight of the first streetlamp, Sabrina stops and turns towards her enemies. Firm in her stance she raises her hands. Her fingers move in a kind of alien sign language. Sabrina chants, but a young boy's voice is heard. Magic symbols surround her, and light emits from her hand - *"Oh, flickering blades burn.... Fireball!"* speaks the young boy. Everything goes black. *Internet Disconnected* pops onto the screen.

"*Maaah!*" yells the boy.

It is hot and sticky. The boy's skin shines from the sweat as it tends to do around this time of the year. In the thick of a heatwave, children laugh as they waterbend under the shower of the fire hydrant; Trey Songz *Say Aah* plays for the third time today along with the hissing sound of the city buses breaking every fifteen minutes. Welcome to the Bronx.

"*Maaah!*" the boy repeats.

The boy crying out is me. And for this story, the boy is you. In a fifth-floor apartment of the projects, you sit with cornrows on your head, white undies on, and a tank top full of holes just like *Papi*. You are the first of your name, the oldest of the Rodriguez twins. They say that there is something special about twins, but you've grown impatient waiting for those superpowers to kick in. *Papi, the heart*, raises us with an iron fist, while *Mami,* works to make sure there is an iron fist to rule with. It's just you three this Saturday afternoon. Thank god!

"*El internet*?!" you scream, frustrated with the chaos that comes every weekend when *Mami* is off work. She aggressively sweeps the entire house even though *Papi* has done so all week. During this hostile reorganizing, she always (*always)* “accidentally” unplugs the router. Usually, you have patience but not today, not on Saturdays. There’s a mission to complete. You speed walk to another room where *Mami* is unintentionally creating knots with the wires.

“*MAMI!! Stop!”* you scream in desperation, but it comes off rude. Too rude. You recompose yourself and try again. “*Mami!”*

“Sorry *Negro. Tú sabes que yo no sé bregar con esto,”* she pleads. *If you don’t know how to plug it back in, maybe you shouldn’t unplug it* lies on the tip of your tongue, but you are not that brave. You plug in all the cables with a quickness, the fastest one you’ve seen done. The Cable guy would be so proud of you.

Okay, back to the room.

PlayStation on. Log in—game start.

Picking characters is always a struggle for you. Are you Sabrina the Sorceress? Kimberly the Archer? Sakura the Fighter? There is a freedom you feel with female characters. You can let go of the control you have over who you really are. With them, you are allowed femininity. There are no questions surrounding how you speak and move. No red flags when talking to your brothers about your interests. You are just accepted as a whole person. There is no crime against the attraction to men in this world, not as Sabrina. So Sabrina, the sorceress it is.

In the darkness, Sabrina walks forward despite the eerie silence and limited vision. Beside her walks, Tori, her nine-tailed companion named after the dog you almost received three times. At the end of this dark path sits a monk in a cage, basking in the light as he meditates. A green arrow floats above his head, pointing down at him. That’s your cue. Our sorceress sprints towards him as Tori uses his razor-sharp tails to open the cage. *Quest completed!*

“*Thank you so much, Sorceress. I foresaw this moment of a special warrior who will bring freedom across the land and be the light in this dark world.”* the monk pauses dramatically.

“*You are indeed special, thank you.”* floats in the talk bubble above him. You let that resonate for a moment. The strain on your face only becomes tighter as your smile becomes wider.

“*Negro! Ven”* yells your mom cutting into your moment.

Your eyes roll to the back of your head as you release a dramatic sigh; it sounds more like a grunt. With urgency, you pause the game and *run* to the kitchen where your parents stand with many papers that you will soon learn to call bills. It's that time of the month, rent is due, which means you clock in as the family's professional translator. As you take your seat and begin translating these bills, the boys come home. *Talk about timing*.

Three boys walk into the apartment, throw all their sports gear on the ground, and run to the room. Your room. Your body leaps up and runs to the room. 2K Sports fills the screen as your brothers toss the controllers around.

"Did you save my game?" you ask with more conviction in your voice than you are capable of. Asserting yourself or trying to.

The boys don't answer. Even their silence is intimidating. Sharing everything in this house is just another power struggle you always lose. It's so exhausting forever losing, but you fight back the tears in your eyes. You will not let them see you cry again. You are 13 years old; you are too old to cry.

Down the hall, *Mami* and *Papi* wait for you. You swallow your tears and compose yourself before walking over to them. *It's okay. There is always next Saturday.*

Hoh!I'mcoming o ¿y qué regreso e' ete'?

Jennifer Marline Rodriguez

"I had at last come home.

If there was, in this, some illusion,

there was also much truth."

James Baldwin

Estoy a dos horas de la ciudad donde nací y me crie, en la que no he vivido desde hace nueve años. Acorralada por una pandemia, a causa del virus Covid-19. Donde vivo hay 274 mascarillas nuevas y dos usadas colgadas en la pared. Estoy en la isla, pero no he regresado.

"Las mascarillas colgadas en la pared no te van a salvar". Fotografía digital

Where are the cuírs? La ciudad de los Caballeros

It was meant to feel like homecoming. A cuir *homecoming. But home for me*, casa, *it's in* Santo Domingo y yo estoy aquí, a dos horas en carro, en Santiago de los Caballeros. Atención a los 'caballeros', que son treinta y que se juntan todos –te lo juro- en el local de empanadas, quipes y cerveza importada de la Vicente Estrella casi con Sábana Larga. Andan en yipetas Mercedes, Infinities, en Jeeps, se parquean en el medio de la calle y dejan las puertas abiertas y vocean y un empleado del local va y se acerca a su ventanilla.

No se trata de un servicio de *drive in* como, por ejemplo, Barra Payán en la 30 de Marzo, donde te ponen una bandeja en el marco de la ventanilla del vehículo y te atienden los meseros distintivamente uniformados con camisa blanca y el logo de la empresa. En este local hay un solo hombre simpatiquísimo, que va a la ventanilla de tu vehículo – incluso cuando la tiene' cerra' todavía-, si llueve carga con su paraguas, y todo para hacerte sentir especial.

En la pared frente a la puerta de entrada cuelga un letrero: "En este local no hablamos de política. Gracias". D. y yo llegamos caminando a probar las famosas empanadas (mariscos es la especialidad de la casa). Fue una delicia la caminata, se sentía el fresco de los árboles de la Zurza, la cercanía del Yaque del Norte, la temperatura del Valle. Esperábamos de pie, bajo el toldo verde de la puerta, cuando el hombre nos ofreció sillas plásticas al lado de un matorral de Coronavirus (estos son los meses de verano del año 2020). No nos sentamos.

Los Caballeros se juntan aquí los domingos y se detienen en el medio de la calle y piden una cerveza, vociao'. Y ahí va el hombre, servicial, a recoger el pedido y a llevar la cerveza y los quipes o las empanadas. Los días de descanso, cuando las calles están vacías y casi todos los comercios están cerrados, entre la Sábana Larga y la Francia esas aceras son suyas, los contenes están enmarcados en gomas de yipetas casi perfectamente alineadas. Se ríen, tienen peinados estiradísimos con gelatina, usan chacabanas largas y hermosísimas que a legua se notan equivocadas pal' calorazo de la isla. Hay tíguere' que echan vaina enseñando músculos a la *Johnny Bravo*: camiseta ceñidísima al torso, blanca transparentísima, pantalones altísimos con correas e impecables mocacines negros de charol.

Memoria: las cosas y el espacio

Home had been undone long before I came back. Muchos miembros de mi familia se habían desplazado en la geografía urbana, en algunos casos, se habían extendido en polos opuestos de la ciudad. Mi tía menor de parte de padre ahora vivía "de aquel lao'", mientras que mis tíos y mis padres se agolparon en la zona sur del Distrito.

El apartamento donde vivíamos antes de yo irme a Estados Unidos está deshabitado. Yo no lo he visitado ni una sola vez. Ahí deben estar en las paredes las palabras escritas a lápiz con las que estudié para el GRE. Y ése sería tal vez el único rastro mío que quedaría ahí. Después de la mudanza de mi familia, mis cosas debieron repartirlas entre el nuevo apartamento y el taller de construcción de un tío al otro lado del Ozama cruzando el puente. En unas cuantas cajas están las cosas que componían mi vida antes de irme: cartas que nos escribíamos entre amigas y amores desde mis años en la escuela primaria hasta la conquista del *email*, libros que me traje de los viajes de investigación que me costeaba la universidad, libros que heredé de una suegra y de una amiga, más los que pude ir comprando usados de Feria del Libro en Feria del Libro en Santo Domingo. Cuadros de amigos artistas al inicio de sus carreras, joyería heredada de mami, manuscritos de poetas amigos y amores. Angelitos, recuerditos, cariñitos, regalos de San Valentín. Promesas que el tiempo ya había fechado y vivencias de entonces que latían ahora y se proyectaban al porvenir.

Era justamente por la relación entre las cosas y su lugar en mi antiguo cuarto que yo podía recordar: "Pasaje de ida" está a mano izquierda en la gaveta de abajo; en la gaveta delgada del medio, debajo del espejo, ahí debe estar en el *folder* marrón un sobrecito rojo, con una soguita colgando de un hoyo. Casi siempre era un acierto, estaba todo donde yo dictaba y, en ocasiones, era cuestión de imaginar otros rincones y ahí aparecían. Mami admiraba esa capacidad, que solo era posible conservando ese cuarto intacto, inútil, como un espacio de almacenamiento, como el archivo de una vida que permanece como añoranza y nostalgia.

Teníamos que dejar ir. Habilitar para la vida, habilitar para quienes habitan y están.

La memoria se ha quedado sin cosas

Más de un año antes de mi llegada, mi mamá, mi papá y mi hermano se mudaron a un apartamento menos espacioso, sin habitación para mí ni para mis cosas; ya no tengo sitio. Y mis cosas, las cosas que hacían mi vida y eran mi mapa vital después de irme: guardadas en cajas en el armario, dobladas y organizadas en el tramo para la ropa, colocadas casi hasta el techo en la estantería de la pared y acomodadas en el gavetero las cosas, todas pasaron de mano en mano en una mudanza, bajaron tres pisos, subieron y fueron desmontadas de un vehículo y ¿qué tal que lloviera en esos días, aunque sea una ligera llovizna? y luego fueron puestas donde iban a quedarse por años: los libros amontonados en largas filas contra las paredes de un taller de construcción, las maletas y cajas arrinconadas en un pequeñísimo cuarto húmedo en el apartamento de mi mamá;

esas cosas están desperdigadas ahora. Olvídate de esperar la más mínima integridad en esa vasta proliferación de objetos y cosas variadísimas, funcionales y simbólicas que conservaban el polvo de mis años fuera. La memoria se ha quedado sin la ruta de las cosas –esas cosas son la textura de una vía, la ocasión de un encuentro atinado con lo vivido.

"Padre García, 7". Dibujo. Jennifer Marline Rodríguez. Santiago de los Caballeros

"El mundo se acaba pal' que se muere" *Mami.*

It was March 13th when I was strolling through the aisles of the store picking up basic cleaning supplies for the place I just rented. I was looking for furniture and home goods. Nothing had been officially said about Covid-19 yet, but people in Plaza Lama *were lined up at the bank with masks on their faces and their eyes glued to their phone screen. The store was out of numerous products from rice to refrigerators, and salesmen were babbling estimates of weeks for orders to arrive. Items were spread disorderly on the shelves. There was just one container of hand sanitizer bluntly overpriced.*

The air was thick in the store, I felt unease, it wasn't the happy shopping or excited or stick-to-the-needs list shopping that usually fills up these places. Instead it reminded me of the grocery store visits to prepare for a hurricane: worried, rushed and uncertain shopping, at the crossroads of recognizing that it's wise to take precautions but it's never on budget; that this trip better not be a waste, nor the excessive food or resources, but you'd rather not have a hurricane knocking at your door.

I'd just held a phone conversation with a close friend while in line to enter the store. She talked about the virus, very well informed: who've died?, elites involved, entire groups infected at once (at a bar, at a party in an Airbnb or a cabaña*), the sudden excessive demand of medical supplies, the hospitals operating at full capacity, and of course the ominous delay of the presidential* *election. I was disturbed once I hung up. An apocalyptic feeling had crept into me. In spite of it, I found myself still trying to be functional. I was checking out kitchen appliances, looking for light bulbs, wondering what else I needed, and wondering –as if those questions weren't pressed very tensely against each other- whether I should go to* Santo Domingo *immediately or should I carry on shopping? Should I put to good use the car my friend S. lent me for my interstate move? Decisions were down to either being rational (use the car, keep on shopping, you have no clue about this virus) or following my gut (get the hell out of the store, drink some water and head back to your folx in Santo Domingo). It was a familiar crossroad: right now or the time to come?*

I sat on the sidewalk and stared at the street. My chest was narrowing on me, breathing felt heavier and heavier, as if my nose and mouth were sunk en un saco de arro'. *I crossed the street. The trees were outlined upon a clear sky, the afternoon was sunny and blissful, not what you think of endings but of quickly packing stuff and heading to the beach:* ¡camina, vámono' pa' la playa! *kind of weather. I remember* los carros públicos y sus pasajeros *with their elbows sticking out, resting on the edge of the window frame, their faces frowned against the sunlight.*

I walked to the parking lot, got in the car, laid down on the back seat and burst into tears. Picking my cuadernito *up and writing is how I thread myself a way of moving, a way back into my life currents. Also, friends.*

E. was the only local I knew before moving to Santiago. *We linked through a dating app. We'd been texting the whole day and agreed to meet at one of the stores. She showed up to that parking lot, fresh out of the shower and looking neat,* con gana' de hace' coro. *I felt lighter by that contrast. Life didn't seem to be wrapping up on her end. She's studying to get her MD and is one of the top of her class. I trusted her gut. So* cogimo' pa' la Benito a bebeno' un pal' de fría.

Yo Diosa

Cynthia J. Roman Cabrera

Me lleva de la mano and lets me frolic,
a wild bitch licking the flowers
and the meadows
so I can gulp at her nectar.
Flowers bloom
like cuffin season
dripping mouth
in orchid and iris.
Me quita el moño,
spreads the ache,
a whispering gnaw
warps the bed,
silk sheet skin
warm with dizzy—
sprinkles my eyes with love,
free, she whispers.

Diosa likes to play games, to hear me laugh.
She sweeps the floor when I am tired,
lets me sleep when I am weary.
And while troubles live inside me,
she does not ache in absence.
She relishes in her power,
se ríe y baila frente al espejo
y me espera.
Diosa isn't the jealous type,
she is dizzy dormant daunting
damp with expectation.

Diosa watches me climb,
dangles the cliff,
leads my fingers, in a shooting
of stars, a molten smoothing
of liquid edges.
She gives me green
hiccups, slippery
moss and dew.

Jiggles my thighs,
watches me with ecstasy,
blows fresh lilies,
dances with exaltation.
She pulls me close
holds me fast, my sweet, she says
eres libre y me dejas a solas.

No puta, sino enamora'

Cynthia J. Roman Cabrera

In hounding me, world,
What do you gain?
Tripping over boxes—
identity is vain
so you ask me to be,
but to exist is wrong.
Y mami me decía mejor puta que lesbiana,
pero que no me venga aquí preña, she'd threaten.
So, the men whisper,
you are too pretty to be gay
and I will shut my mouth,
sit pretty for my pretend boyfriend
cuz my girlfriend is an invitation
for that male fantastical phony fetish.
To them, I am not taken,
just open for play.
No puta, sino enamora'
I fucked plenty of men to know
I don't need to fuck a lot of men—
but identity is vain,
and I only want to be in love with her.
To have mami be proud of this love
as she would be with all my degrees.
This love is not what she asked of me
porque soy una puta enamora' callejera
sinvergüenza que hace lo que le da la gana
and so, world, what do you gain
when you yank back mi trenza,
have me watch an onslaught of this body.
¿Qué se te perdió en mí?

He Too

Cynthia J. Roman Cabrera

He who talks over me and pats my girlfriend's cheeks
el que tiene la razón
el más inteligente
he who trails his wet dog odor around the house, never washes his sheets.
He too is a stranger in a van driving too close
He too is yelling how that pussy taste to my girlfriend as she stands too close to me for his comfort
He too is the 'ey yo ma' on Bronx corners
He too is the 'fuck you anyway'
He too is groping my ass as I get off a Philly bus
He has a right to my body
He too is 'you generalizing cunt who needs a good dick'
He too is my next-door neighbor asking who the man in the relationship is
He too is the old man whistling at me as I take the trash out
He too is an acquaintance with a fucked-up shape-up who tells me to call him when I get bored of my girlfriend
He too is 'but you're too beautiful to be gay'
He too will ask where my boyfriend is and I will respond I am meeting him now because I fear telling him otherwise
He too will follow me and my friends after we diss their crusty advances, who then proceed to threaten to teach us a lesson
He too is the slobbering truck driver hissing at 11-year-old me as I walked alongside Mami with my pretty new brown dress, too grown, too promiscuous
But he too knows how hard it is because to be a man in the twenty-first century is a death sentence,
Oh, to be burdened by his masculine guilt.
He will always be the sickscumpendejoratfaced pervert

invading my space on grocery store line
He will never respect me because he is w
So he will drag me by the teeth
(a bitch is undeserving of time)
of listening
or reasoning with.
I am his property
my voice hangs by the edge
and he does not hesitate to push.

How to Become a Nomad: On Home

Cynthia J. Roman Cabrera

ɔre college and moving abroad, you could have lived all r life in New York. It was what you and your siblings knew ˌides the stories mami and daddy will have told you about ɜ Dominican Republic or Puerto Rico. Your parents will have anted to own a house but living in New York City made it ımpossible. The fluctuating and increasing rent, as well as earning a below the poverty line salary, will create the circumstances for not having snatched up a piece of the damn pie. As a super, your dad will have worked thirty years managing residential buildings, doing construction, maintaining the boiler room, and unclogging drains, but he will never earn enough to build his family wealth. So, when at the start of eighth grade your parents uproot you from The Bronx to Orlando, Florida, it will leave you with hopes of homeownership, independence and belonging.

The first few days in Florida will be a blur, spent exploring the tunnels of the bright Orlando apartment complex and burning your curls with the sun and pool water. For the first time, you could venture outdoors, free of witnessing neighborhood gunshot wars, waiting on water to come back after they opened the *pompa*, or hearing the usual *grito* of *Hectooor!* being called out in the street. You will make friends with outsiders, veteran New Yorkers whose families sought warm weather. You will play football, gossip, and blossom into preadolescence, preparing to conquer the new foreign world. But you will miss home. The crisp bacon, egg, and cheese sandwiches on your way to school. The pastelito man *con el morir soñando más barato del alto*. Or the silent chaos of a winter storm, quieting noise for just one second.

Your parents will try to make it work. They will fail. So, after one year of your *papi* not being able to keep any job past a few months, him not being accustomed to having someone boss him around, and your mami's depression keeping her gone all day, she will decide to pack up all your family's shit and return to New York. Even though she had already done so thirty years before when she arrived in the U.S., your mami will become

another person, someone unable to adjust to a new world. One year after packing up your memories from The Bronx, there you will be packed once again to return. *Mami* will have bagged all your clothing into six heavy black trash bags y *papi* was to stay behind, he will not yet be ready to move. His dreams will be to buy a house with a big backyard for you and your siblings to play in, and your dream will be to will his true. She will have left him to figure his way out. You will hold your friends for the last time, they will squeeze your body still to keep it from moving. Again. Your sisters will hold each other, stare with pleading eyes willing it to stop. Nevertheless, as the oldest, it will be your responsibility to keep composure. So, you do.

The Greyhound bus will smell of wet fries, urine, and anxiety. Your eyes will hurt from crying the previous night. So, you sit at the back of the bus and stare motionless at the moving traffic. The four of you will be connected by the unknown of arriving home with nothing, to nothing. The seats will be uncomfortable, piercing into your back as if to remind you what awaits you at home. The lights will be too bright, piss will hang in the air coating your throat. You will not remember *mami*, but the cold. The Florida heat will still be warm on your skin, but you will be wearing shorts, unfamiliar to the cold trip north. So, you will lay with a thin sweater, burying yourself in the itchy fibers of the seats, inhaling the asses of trips long ago. You will start to dread sleep from this moment on. You will ride through towns, trees, and tombs of past lives. Your brother will be too young to feel the weight of losing yet another home, but he looks tired. Stranger's voices will rise and fall, through sleep and semi-consciousness. You will be lost. Through shivers and tears, you make it home.

You will step out of the bus onto the pavement at Port Authority Station. Immediately, your ears will be invaded with blaring car horns and your eyes will have to adjust to the gray booming buildings scraping the sky. The slight chill of the October air will make you huddle against your siblings. You will be a tourist in your city. You will have no place to go. When did home become displaced? You will take the train uptown to the Prevention Assistance and Temporary Housing (PATH) office, a resource center for families in need of temporary shelter. Heavy bags in tow, you will enter the glass doors and the first night will be agonizing. *Mami* will not exist in these memories, a ghost dragging the chains of memory. You will sit with your *hermanos* and hold the heavy bags firmly. It is all that you will possess. When you feel safe to close your eyes, the lights will be too bright, almost green. And once, when you open your eyes, your baby sister will be sleepwalking, her white shirt eerie in the green lights. Frightened, you will stare, her small hands unfamiliar in this place. Your brother will be sleeping on your other sister, but she will be awake, holding the heavy bags as if the wind of your sister's steps will take them away.

At twilight, *mami* will finally reappear, ordering you to grab the bags. You will be placed in an overnight shelter until they have figured out a plan for you. You will have no control. You will board the yellow buses, bright in hazmat, and headed to Harlem. The neighborhood will be torn and gloomy, sheltered by construction pipes and the dead leaves will shake with gray as your family staggers to the shelter. The building will appear small, surprisingly secure. The room you will share with your sisters will be brick, reeking of tobacco, and air freshener. The severe cold and fright will force you to sleep in your boots and coats. You will have shoved all your bags in front of the door to have some semblance of safety, if only for a few hours.

That year, you would have moved seven times, bouncing from three shelters and family's homes before you settled in the Bronx, only after your *papi* finally returned from Florida. Later, he will tell you it was your sister's crying phone call that forced him back. You will hate your parents, *mami* mainly, for having put you through so much pain. Years later, you will find out *mami* left without discussing it with *papi*, leaving him the responsibility of moving back the furniture. This sense of homelessness will travel with you through adulthood and will leave you wandering, aching for a sense of belonging. You will taste it with friends in college and your passions, but you are broken, lost. You will envy friends' mention of childhood homes, physical manifestations of being rooted, to see your family's life collecting *polvo* on the walls.

Your parents will be mere representations of the neglect the U.S. creates for immigrants who never reach the American dream. You will never hear your parents express their dreams, goals, or aspirations. You will believe this dead-end spirit gets passed down to you and your siblings, so you desperately write down your goals, action plans and reach beyond your circumstances to make sure you make something out of yourself. But your guilt will always be there. Your sorrow will live because your parents did not make it. They are stuck in the same apartment you left, watching the days pass by. You will feel like an imposter, an asshole for having had a good day or having something to look forward to. So, you will wander because you are convinced you are unworthy of good things.

You will move to Barcelona to seek out your happiness and to finally be with your girlfriend after two years of long distance. You will convince yourself that this is important to do. No kids, no mortgage, this is the perfect time to be reckless. White people do it all the time! Why should you not find joy in existing, something your parents were never afforded. You will find home with your girlfriend and for a while all will be well because you will choose to redefine your circumstances. The afternoon *cafecito* strolls will feel sacred to rebuilding, reclaiming home and sense of peace. But it will always feel temporary because at some point that love nest will crumble when you are forced to return home.

Home will be just a reach away. So, you will wander because you are convinced you are unworthy of good things. You will move to Barcelona to seek out your happiness, to finally be with your girlfriend after two years of long distance. You will convince yourself that this is important to do. No kids, no mortgage, this is the perfect time to be reckless. White people do it all the time! Why should you not find joy in existing, something your parents were not afforded. You will find home with your girlfriend, but it will always feel temporary because at some point that love nest will crumble when you are forced to return home. Borders and love stories do not get played on the radio. There will be no blueprint for the continued drowning of two people lost in the fatigue of figuring it out. You will fall into the false narrative that situations must work themselves because you will want them.

Yet, what happens when *libertad* and the notion of home were written by and for someone else? You will grasp for any possibilities of control, some semblance where nomads look and believe like you. *Cosas de gringo* has never attracted you, but you wanted to have choice and control in ways those white people have on TV. What is home but a resignation to the circumstances? Mami y papi worked hard for you to have choice in a world where choice is granted to those stable, wealthy, and white enough to possess such comforts. It is the lie of the immigrant seeking home.

Untitled

Crysbel "Mariposa" Tejada

Aé

            Oé

Aé

            Oé

óyeme mi negre

Aé

            Oé

Llevo el canto de mi abueles

Aé

            Oé

Sembrado en el cultivo del
cuerpo Made from black oro
piel de seda
enterrade en un fondo de
hierbas   en calles creadas
de cera de abeja

Aunque tenemos la misma mirada

Con tus ojos cerrados
oídos tapados
somos callados
CUIR
freaki
hecho de hongos fermentados

Pero nos bebes de tu vino
sagrado los Domingo Santo

Aé
Oé
Latinx o cualquier vaina yo me quiera
llamar llevo mi cabello tejido con hojas de
palma Fur
hilo
algodón
ropa cosido con pelo de mango
and sugarcane bark

Mi espalda con alas abiertas de colibrí
No quepo en tu caja de género ni
soy juguete en tu reunión social

Soy un
honeysuckle machete
atravesando olas del mar

Una odisea de colibrí

Crysbel "Mariposa" Tejada

Huellas marcaban calles
encendidas con polvo de
casabe,
armas e'condida
bajo un colchón
relleno de lenguas rebeldes

Señora Pisisa
vestida de negro
buscaba documentos emulados

Tendidos
en una canoa
viajera
fabricated of
fish,
coral,
Scarred and graffitied
Bones of those that came
before.

Waves of hearts beating
drums against
bodies swaying
between islands.

Te vas pero óyeme,
aye que te quiero,
respira que
te guardaré besos
hechos en el puño de mi alma.

LIBERTAD

La libertad, Sancho, es uno de los más preciosos dones que a los hombres dieron los cielos…

– MIGUEL DE CERVANTES

When we speak we are afraid our words will not be heard nor welcomed, but when we are silent we are still afraid, so it is better to speak.

– AUDRE LORDE

La Ruta

Elba Caba

Cuando la dejo en su parada, el país vuelve a ser el mismo, un bullicio tricolor que espanta pájaros. Mi regreso es un tour depresivo hacia un solo abismo, que también es mi casa

Me gusta ir primero en metro, de alguna manera siento que me civilizo ahí dentro. El tambaleo nauseabundo dentro de esa lata supersónica me abraza y casi siempre quiero llorar, pero ser aquella que rompe ese cuasi silencio solemne de miradas que se encuentran sin querer, de uniformes sugerentes, y de tapabocas a medio hocico, es una responsabilidad muy grande dentro de una media isla donde la alegría es obligatoria y siempre viene algún rey de la selva a decirte «pero tu si ´ta seria, ríete» con su tufo necesario. Nadie llora libremente aquí. Estar triste es un acto disidente.

El viaje sigue en guagua, y saludar es una forma de salvarse de una maldición desconocida pero no imposible. Siempre que me subo imagino que me traga una ballena jorobada y así el desastroso tránsito es un viaje submarino. Su vibración, el tambaleo constante de un motor dando lo último, me arrulla y sin querer bailo la versión bachata de ese bolero. Bailamos todes.

De un tirón en el vientre la siento, me hala cada vez que llega, desde la puerta de la garganta hasta el ano. Hacen 38 grados afuera, y el mar me escupe violentamente. Miro mi mano izquierda, he dejado a propósito que secara su rastro en mi dedo índice, el mismo del cual me exprimen la malaria y el azúcar; lo huelo, ella está aquí otra vez, aunque cada inspiración perdure menos que la espuma en los rompeolas, yo la beso.

Siempre que paso el portal de este infierno sin ella y me veo salada, sudada, ensangrentada y lacrimosa, digo: estoy hecha de gotas.

Cielo Rosa

Elba Caba

Mi primer orgasmo fue a los veinticinco años. Tantos años, tanta gente y al final, tuve que hacer justicia por mis propias manos, como siempre. Algo en mi cuerpo, en mi cerebro, cortaba el carnavalesco tránsito de las caricias y nunca había dejado de respirar del gusto. Era imposible no sentirme como un bicho raro, algo así como maldita por dentro con una soledad extasiada por queso y harina. Sin embargo, no había ganado la guerra, la presencia de otro en la cama me enjaulaba y otra vez se me negaba la muerte efímera. Hasta que llegó una mujer, que con su voz de viento mandó a volar los grilletes que tenían mi sexo encarcelado y calmó los gritos. Abiertas, una detrás de la otra como dos mariposas muy despacio con sus manos cambió la violencia por cuanta ternura cupo encima de mi colchón inflable y todo lo que fue golpe, vinagre, enfermedad y maltrato se convirtió en un cielo rosa detrás de mis ojos. Al fin, ya era parte de la bola humana, había dejado de respirar del gusto.

Mi hermana y yo

Yoseli Castillo Fuertes

Ella con sus negros y yo con mis viejas
de los demás, siempre hay una queja
un chisme, un chiste, una habladera.

Ella con sus negros y yo con mis viejas
manifestamos nuestros deseos
nuestra libertad
nuestra capacidad de desear a cada ser humano por igual.

Ella con sus negros y yo con mis viejas
no seguimos el patrón de mami pero sí el de mamaguela
rebeldes, independientes, callejeras.

Ella con sus negros y yo con mis viejas
nos burlamos de las reglas que siguen
las mujeres "decentes", que "valen la pena".

Ella con sus negros y yo con mis viejas
y no viejas a la mexicana
mujeres mayores que yo
que se supone no gustan nada
con cuerpos tiernos, suaves
con sabiduría y trucos interminables.

Ella con sus negros y yo con mis viejas
ella jabá
bien equipá
de arriba abajo
abrazá de su ilustre compañero
que otros sólo ven que es negro.

Ella con sus negros y yo con mis viejas
y me gusta esa idea
que mi hermana y yo seamos guerreras
que con nuestros cuerpos y deseos libramos la pelea
aunque solo cantemos victoria a solas
por nuestra propia cuenta
en compañía de nuestros negros y nuestras viejas.

Club de lesbianas lambonas

Yoseli Castillo Fuertes

Invitación abierta
a todas las mujeres,
ya sean lesbianas, fluidas o heterosexuales
que creen en el poder divino de la vagmiel
y que por ninguna causa se debe desperdiciar.

Aquí se la vamos a lamer
porque no se puede perder
en la cuna tibia de un panti
o en el frío seco del Charmin.

Aquí se la vamos a recoger
beber
escurrir
sssssssuccionar.

Las que lo hacen son parte del club también
ya sea porque vagmielan mucho
o porque les encanta comer
lo importante es que no se pierda
y que se alimente a otra mujer.

No queremos interrumpir su orgasmo
solo recoger los charcos
y si usted lo permite, ayudar a aumentarlos
secarlos para luego
de nuevo llenarlos.

Cuando usted se masturbe y se venga en su cuarto
en el carro o en el baño de su trabajo
no desperdicie su vagmiel
¡Llámenos!

El Club de Lesbianas Lambonas
la va a socorrer
se la va a secar
se la va a lamer.

Queer-nudez

Jeanette Cepeda Guzman

I'm lying down naked on my bed. It's something I've done in the summer months since I can remember: lay naked on my towel after a cool shower on hot days. I've always been comfortable with my nakedness despite everything and everyone around me directing me to feel and behave otherwise. Today is different though, I've found a new level of awareness of my body and my sexuality, something I've been experiencing as of late. I spent the night with Jonas again and I'm still processing. "Mari!" I hear Mami scream with a sharpness that causes a level of annoyance I can only express by sighing loudly when she can't hear me. "Sube rápido!" she says. The way Mami calls for her kids would have you thinking the house is on fire. "I can't, I'm naked" I shout back at her, knowing full well that it's going to annoy her. But it serves her right, since she annoyed me first. "I'm too old for this" I think to myself. I'm 28 years old and living in my parent's basement. I'm a whole ass attorney for Christ's sake. But, that's not how my bank account works; with student loans and a hefty amount of credit card debt I accumulated while in law school, my parent's basement is the dream. A second later, I can hear her hush-hurrying down the stairs. It's that thing she does when she's trying to be sneaky, but stealth is not a trait of Dominican mothers. It's the sound you hear right before your privacy is about to be violated in this house. I finally hear her make it down the stairs and she enters my room.

"Dime mi Reina, que deseas?" I ask her, unable to mask the sarcasm and annoyance in my voice. Mami usually talks to people in a commanding, almost yelling voice. But this time, she asks me calmly and sternly, "¿Por qué tú estás desnuda? ¿No te das asco?" She makes a disgusted face. I responded back to her, "¿Que cosa?" knowing full well what she means. In no uncertain terms, she's expressed to me that there's nothing she finds more offensive than a naked woman. I always wonder, then, ¿how can she stand to wash herself in the shower? Whatever. She keeps doing that thing where she's trying to be cool and failing miserably.

"¿Dónde tú estabas anoche y con quién?

She knows something is up. How the fuck does she know? That fucking *bruja*. She doesn't usually ask me too much about my business, unless I overdo it. She knows I don't like it and usually shut down and it's always certain to drive me away. She's careful about that, so why is she being so nosy and acting so suspicious? Her "sexto sentido", as she calls it, it's really good. I usually tell her she's crazy, but she always knows when something's up. But in this case, right now, in this moment, it's just textbook homophobia. Mami knows I've been hanging out with Jess and Jonas.

I met Jess in law school. We connected almost immediately and became really close friends. For financial reasons, we both decided to start our legal careers in big law, we knew it would be tough for two brown girls in a white man's world, so we decided to try to land at the same firm and, luckily, we did. Being baby attorneys at the firm only served to strengthen our friendship and I'm incredibly grateful for her. Jess self identifies as "Queer as fuck!" I've never thought too much about how I identified and that's a source of contention between us. Jess is gorgeous. She has a big smile with *telenovela* straight teeth. She's slim, but with bodacious curves and somehow manages to walk like she's walking on air. Her hair is long and wavy and she insists on these weekly "touch ups" of bleach that drive me crazy. Those fumes are going to kill her one day. People often mistake us for each other. I literally could not be more different. One of these days, I'm going to call out their racism, but for now, I need my job. My skin is *café con poca leche*. Thankfully, I don't attract as much attention as Jess does. For brown girls like us, that's not a good thing in the legal field. But I'm still different, different from other women attorneys at the firm. My jet black curly hair does not bounce when I walk, but it takes up space and people notice.

I love Jess. She's as loyal as they come. I always dreamed of a friend like her. I don't have to preamble every sentence by asking her not to repeat what I tell her to anyone else. She knows I guard my feelings, thoughts, ideas with my life. I value my privacy and secretly enjoy how little those around me know about what I do, where I go, who I hang out with or what I think about most consequential or inconsequential topics. I do share, but always in miniature doses and on my own terms. Jess knows that about me and has never questioned me. She is, however, passionate about identity and oppression and most days, I'm too tired to entertain her.

Growing up, I never considered my identity beyond my *Dominicanness*. I never thought too much about my sexual orientation. Sure, I've had crushes on what seems like every other person that says hello to me, but I was never interested in dating anyone seriously. My goal was always to become a lawyer. For people like me, I thought, being black and brown and Hispanic and Latina and Dominican and ESL, and short and fat were not only enough identities to drive a person mad, but also wire traps that would inevitably trip me up on the way to becoming a lawyer. I was not crazy enough to add dating to the mix. So I didn't. Jess and her girlfriend Stacy spend a lot of time talking about Queer issues and anything can trigger the conversation. Once, while making the case for what we should do over the weekend, I suggested Sin City because it's the most amazing strip club in all of New York City. Somehow, that triggered a conversation about whether I was Queer or not. "Oh my God! Who cares?" I said. "What does the strip club have to do with whether I'm Queer or not?" "Nothing," said Jess, "but why are you so weird about it?"

Jess and Stacy introduced me to Jonas during one of our happy hour Thursdays. "Damn, he's cute," I whispered to Jess. Jess just smiled. He had a particularly stressful day. Besides his tech genius career by day, he works as a consultant helping organizations improve their LGBTQ+ cultural competencies. He had a frustrating day providing training to the board of a major corporation. "Cis white men are the absolute worst. But you can't expect much. This board is 100% white and male, how is that even possible in the year 2020?"

"Sounds rough," Jess admitted. "Do you think that they are competent after your training?"

"Hell no, absolutely not," he replied. "They couldn't seem to figure out why they had to introduce themselves along with their pronouns. One of them even commented 'I think it's pretty obvious what my pronouns are.' What? No! That's the point. We cannot assume people's pronouns, that's part of the problem. As a transmasculine person, having people address me by the right pronouns was a game changer for me. How do these people plan on increasing diversity in their company if they cannot even commit to addressing people properly? And the cherry on top, this is only the first of a three-part training!"

"That sounds really frustrating," I said. "Give them back their money and fuck them. What's the point of paying a consultant for this type of training, and then fighting them on the training they knew they needed in the first place? If they want to blow their money, they should pay poor people's rents."

I've seen cute guys before, but Jonas is just gorgeous. While I empathize with him, and genuinely cared about his bad day, I couldn't help but think about this major crush I quickly developed. His plump rose colored lips and superstar smile along with the biggest most intimate eyes I've ever seen. When Jonas is talking to you, you know he's talking to you. He focuses on you and listens intently. Most guys talk too much and take up too much space. Jonas listens more than he speaks and when he does talk, it's because he has something interesting and important to say, not to hoard attention. One drink in, and I knew I had a major crush on this kid. In just a few weeks, Jonas became a regular at our Thursday happy hours. Jess teases me every Friday morning with "I see you, girl. I see you and Jonas, *echándose ojitos*". I typically respond "Girl, you don't even know what you're talking about." "Oh yes, I do," she replies, "you got a thing for Jonas, *vamos a ver* if you finally start living your best Queer life!" "Jess! That's a weird thing to say!" I say. "Whatever" she says. I start thinking to myself that maybe I need better boundaries with Jess.

The problem is that Jess was right. Jonas and I had been hitting it off real good. We had increasingly been spending almost the entire happy hour having our own conversations. We were getting to know each other. We talked about our childhoods, our parents, our families, our careers. I spent a lot of time telling him about law school and about how two years after graduating, I still had not decided I made the right choice in joining the firm. I told him about the pressure of making money. For me, to cover my student loans, but mostly for my family. Corporate firm life was not my passion, and frankly, I haven't figured out what my passion is. Passions are for rich white people. Sometimes people criticize my decision of going into big law. I'm cautious whenever I talk about it. Their criticisms borderlines shaming, but most of the people I talk to don't know anything about poverty, food insecurity, or the trauma of having parents raised by Trujillo-era parents. The generational trauma no one seems to be doing anything about. Jonas doesn't make me feel that way.

He doesn't pretend to know what it's like to have to make career choices and decisions strictly based on money. Jonas has never had to worry about money.

A few weeks ago, after happy hour, it was slowing down and people started closing tabs and trickling out. Jonas asked me if it was okay we go for a walk, he said he needed someone to talk to. I'm not one for walks, but at that point, I had developed a full-blown crush on this kid and didn't want to say no. So we went for a walk and we talked. Mostly about him and his experience being trans and Queer. I didn't ask a lot of questions; I didn't feel like it was my place. He wanted to talk and trusted me enough to do so. He was upset about having been outed recently at work and about how difficult it is to date when you're constantly worried about cis people looking to fulfill fetishes, experiment or just check boxes. He was done with this day job and wanted to focus on his consulting business, but even that came with its challenges.

He shared some more, and then, finally, awkwardly asked me about what kinds of fucked up things I've experienced. "Oh my God! Are you asking me for trauma porn?" I jokingly told him. He apologized, but I told him I actually didn't mind. I explained to him that most of the fucked up things I've experienced, unfortunately, have been from people who claim to love me and have my best interest at heart. My parents, for example, spend a lot of time body shaming me and showing my *pelo malo* hate. It's interesting, I told him, that my parents spent so much time warning me that the world could hate me, yet they are the ones that have hurt me the most. "Damn," he said, "for all I've been through, I've always had the support of my family, they love me and accept me for who I am."

I then told him about the run of the mill racism I experience at the firm, how all the attorneys of color experience harsher criticism of our work and the fact that we all look the same to most white people at the firm: "Sometimes, people confuse me for Jess and vice versa." I could see the look of disappointment and shame before he said, "Like, how exactly? Y'all are so different." I resisted the urge to ask him how he thinks we're different. It was a heavy conversation, both of us feeling an added weight as we somehow transitioned into walking in silence. I broke the silence and said, "Ha, I thought people were supposed to feel lighter after conversations like these." We both laughed, and that night, somehow we ended up in his Tribeca apartment.

As I laid naked on his bed, I began to feel something different, a connection to my body on a different level than I had ever felt before. I'd slept with a number of people. The truth is that I always avoided feeling anything for anyone before that point. I didn't want to get to know anyone, developing feelings just sounded messy. Mostly, I've been scared. It's taken years for me to accept my body, in all its naked glory, and after acceptance, it took even longer for me to develop a positive relationship with it. Despite routinely lying naked on my bed after showers, I have never been naked with this level of comfort on anybody else's bed. It was at that exact moment I realized that while I had accepted my body, it was my *Queer-nudéz* that I was having trouble with. "Fuck" I said out loud. Jonas, still asleep shifted, I worried I had woken him up, but he continued to snore softly. I thought to myself "I'll deal with this in the morning." And fell asleep.

I didn't deal with it. Over the next couple of days, I avoided Jess and Jonas like the plague. I also avoided Mami. That day, after I spent the night at Jonas', I went straight to the firm in the morning. That night when I got home, my mom greeted me with the obligatory "esto no es un hotel" talk. It's almost like all Dominican mothers take the same training course. Although I was used to it, it annoyed me more than usual and I decided to punish her by not engaging. She's always expecting some sarcastic response from me and this time, I didn't say anything.

I usually move on quickly, and although I was still thinking about Jonas by day three, it seems he had given up trying to call and text me. I realized I couldn't avoid him forever and that he would show up at this week's happy hour. I had a few ideas, I thought I could avoid a few weeks' worth of happy hours. But that plan would fail because it would prove Jess's point that I have an avoidant personality. So my plan was to show up at happy hour, and if Jonas was there, I would have exactly one drink, pretend like nothing happened between us and make an excuse as to why I had to dip early. No such luck. Jonas showed up, like I thought he would. When I declared I was heading out, Jonas announced he was too. He looked at me dead in the face and said "I'll walk you to the train station; we have to talk." "Oh," I replied nervously, "sure, if you want to." And we headed towards the train station.

"Are you planning on avoiding me forever?" he started.

"No, I've been busy".

"Okay Mari, you don't have to talk to me if you don't want to, but we had a really intimate conversation the other night, everything felt so magical and I get the feeling that you're trying to avoid me. You know, Jess mentioned this thing about you avoiding commitment and intimacy, but I didn't think it was this extreme."

"Magical? Don't be corny with me. Look, if you were hoping to make last week into a regular casual thing, I'm not really into that."

"What? Where is this coming from, I'm looking to have a relationship with you, I'm looking to make this into a serious thing, not a casual thing!"

"Why? For what? I don't understand" I don't know why, but I was crying at that point. Jonas took a deep breath and came down from his excitement. He lowered his voice and asked me if he could hold me. I wanted him to hold me, but didn't want to tell him so, but before I could compose myself to say no, I leaned towards him and accepted his offer. "Let me take you on a proper date," he said.

"Eww, I want none of that hetero shit in my life!" I said. We both had a hearty laugh. Not so much because my joke was funny, but because, at that moment, we had just overcome our first hurdle together. That night we had dinner and we talked. We set boundaries for dating. I told him the reason I'd never seriously dated anyone before was because I had a million rules and people made me feel like I was crazy for having them. He assured me that was nonsense and he would respect every boundary I set for our relationship. I told him that what I am looking for in a partner is more than sex or a plus one for weddings. I'm looking for a confidant and a friend. Someone honest enough to call me out on my bullshit, in a respectful way, someone I can trust and would never violate my privacy, and of course, a partner to travel with doesn't hurt.

That weekend, I had invited some friends over for a barbeque. Besides the free rent, a backyard in Brooklyn with a fully functional grill is another perk of living at home. I extended the invitation to Jonas. We all had a great time. Jonas took to befriending my mother and basically told her his whole life story. To me, he was inappropriately excited about meeting my family. I don't know why that's important to him. When I expressed that to him, he told me that it's a natural feeling. I said to him, "That's white people shit", to which he replied, "No, maybe you need to see a therapist". I retorted, "I'm perfect the way I am." We both laughed a little. I know he's right and I'll get to it at some point.

Later that night, Mami told me, "¡Esos amigos tuyos si son raros!" I chuckled and asked her why. She responded, "yo no sé, tú sabes, como un *feeling* raro que me dan."

"You're transphobic," I told her.

"Oh no, tú sabes que yo quiero a todo el mundo."

Bitch please, I thought to myself. Wait until she finds out Jonas is my new boo. For now, I think it's none of her business.

En Bab Al-Yemen

Emir Cruz-Fernández

Sexies se ven descalzos los chavalos
en la plaza cotorreando y jugando
con pelota de goma, no de cuero,
al futbol "yemeniano".
Bab Al Yemen es su arco.

Con su juego me deleito
con sus risas me enciendo;
su pelota improvisada de goma, que no es de cuero,
es tambor que retumba mi momentáneo firmamento.

En la plaza, una sinfonía de sonidos se orquesta
y yo, perplejo miro, escucho, siento y vivencio.
En el aire, el griterío de chiquillos, algunos harapientos,
vendedores, carretas, bocinetas y el ronroneo de motocicletas.

Sexies se ven descalzos los chavalos
en la plaza cotorreando y jugando
con balón de goma, no de cuero,
al futbol "yemeniano".
Bab Al-Yemen es su arco.

Arco de entradas y salidas
similar al arco de la vida.
Arco testigo de antiguos espacios y universos
por donde hoy cruza el balón de los sueños;
testigo auricular de palabras viejas y antiguos verbos.
Arco, umbral de la vida,
que desde inmemorables siglos ve conjugar
los verbos caminar, salir y entrar.

***

Serenos son los atardeceres sentado en *Bab Al-Yemen*
despiertan el dulce descanso
que en pocas horas se apoderará de mí
en mi habitación.

VII

Emir Cruz-Fernández

Si mi corazón pudiese dictar
en versos sus puros sentimientos,
¿qué diría?
¿Puede acaso un corazón trascender
la barrera del tiempo y la distancia;
manifestarse sin memoria
y simplemente conjugar el verbo ser?

Si mi corazón pudiese dictar
en versos sus puros sentimientos,
¿qué diría?
¿Podría acaso existir un corazón sin yo,
un presente sin memoria,
un estado sin condición?

Si mi corazón pudiese dictar
en versos sus puros sentimientos,
¿qué diría?
¿Diría lo que ahora he dicho
o simplemente manifestaría su eterno vacío?
¿Vería sin ver, sabría sin saber
y sería sin proponerse ser?

Si mi corazón pudiese dictar
en versos sus puros sentimientos,
¿qué diría?
¿Identificaría y etiquetaría su sentir?
¿Superaría las palabras, el lenguaje,
las señales, su propio existir?

Contra la arrogancia

Yuderkys Espinosa-Miñoso

"Practica entonces perder más, y goza
el ritmo de la pérdida, su encanto"
Elizabeth Bishop

La cosa es así: como odio buscar lo que se pierde, prefiero no perder nada...entonces me organizo, trabajo en contra de mi dispersión, hago ejercicios de concentración, me concentro y digo: esto lo dejé aquí, recuerda que dejaste esto fuera de lugar.

Lo hago antes de dormir, a la mañana al despertar repaso los cabos sueltos. A veces me despierto a media noche y me prometo no olvidar tal cosa. A veces durmiendo recuerdo lo que no debería olvidar. Me hago promesas, ultimátums que debo seguir atentamente.

Pero pasa, a veces, que solo recuerdo el ejercicio en sí, recuerdo que me dije que no debía olvidar algo, por ejemplo. Algo, pero no recuerdo qué.

Odio que se me pierdan las cosas, entonces hago lo que tengo que hacer para evitarlo. La mayor parte del tiempo funciona... pero a veces...ay se me pierde algo.

El lapicero que llevo siempre en la mochila, la llavecita de la maleta del candado, el lazo con que amarro mi pelo al acostarme, los labios de los besos que sueño.

Fallas del sistema de procesamiento, de vez en cuando algo se salta un paso, de vez en cuando me boicoteo el férreo modelo autoimpuesto. Gracias a eso sé que no soy una máquina, que sigo viva, que respiro.

La rabia por la pérdida, la incomodidad, la incoherencia, el punto ciego, el fallo, hacen de mí una más entre lxs mortales, me recuerdan mi imperfección. Evitan el mal de la arrogancia, ese mal tan extendido en nuestro tiempo.

People I've Kissed Since 2009

Sally Familia

People I've Kissed Since 2009
The boy that holds my head to his cock
waves goodbye from inside the van.
Outside, a teenage blonde caresses me
with her eyes. Kisses me unexpectedly.
Forgets to say goodnight.

I want to kiss her again,
but he keeps begging me for head.
I can't stop thinking about her giggling next door
even when he rubs my lipstick off with his hand.
Even when he wraps my hair around the other,

I can't forget her pale skin rubbing against my own.
Her lips, waving near my shivering chest.
Her hips, housing my curious hands.

I'm dancing in the projects in Harlem, now.
While the girl that jokingly calls me her girlfriend
is swaying near my lips.
She doesn't know I do not joke
until the room is dark and deafening, and I kiss her.

The pulsating floor disappears below my feet.
We can still feel the sweating bodies, but the lights are off
and my hands are exploring her back.
My tongue throbs against the roof of my mouth,
so I kiss her once more in the dark.

I Go Back to February 2016

After Sharon Olds

Sally Familia

I see her. My earliest lover, barely wounded, stumbling
into a dorm room with a henny bottle on her bottom lip.
I see me. Laid out on a stairwell, slurring
what can only be a love note.
I love her. I love her. I cry into the tiled floors,
but she cannot hear the wailing through the closed door.

I love her. I love her.
I collect my broken to give,
drag my body into our funeral.
Face to face now, angling for touch,
she lays the empty bottle down.
The spinning mouth of the bottle
rejects our desperate souls as if knowing
that she will cease to remember the sound of my voice.
I see her. Scrambling to find reasons to stay.

Instructing her heart to love
me. *I love you. I love you.*
I whisper into her mouth. And I see it, four years too late,
what time already understood.

I want to beg her to fall in love with another woman.
We will be empty. I will not know how to love
her. I don't know how to choose me. Suffering
will become our symphony, despite the moaning on our bed.

One day, there will be us, in the middle of a parking lot,
yelling, henny filling our mouths. And I won't say a word.

3. On Happiness

Gina Goico

My colonizer's language is Spanish, hence the language my home country uses and I first learned was this.

I searched for what is the etymology for "Felicidad":

Felicidad comes from the Latin word *felicitas*

Felix is Happy/Blessed/Fortunate/Fertile *Itas* is "state of Being".

I searched and couldn't find how *felicidad* could be said in the languages of my non-white ancestors. *Como se dice en Arawako?* What languages belonged to my Black ancestors?

Colonialism made sure to erase those traces.

Happiness has only been a thing I actively thought of whenever I felt unhappy: *Depressed* at 14, watching other classmate's *-perceived-* ability to just exist and enjoy life.

In pain, at 19, while dealing with a clandestine abortion by myself.

Dissociated, at 27, on the cusp of my Saturn Return smoking cigarettes in Joshua Tree, while avoiding my husband who was feverish back in LA and planning my return to the Dominican Republic.

Happiness, whenever I thought about it, only existed in a rearview mirror, *not as a promised state beyond the current state of unhappiness,* which can help illustrate the trickiness of the feeling.

I looked to an idealized past as where I would determine "I was happy" as opposed to my current state of being.

The past was the object of affect.

Happiness never looked like what society said, what I could dream, or spaces could offer.

Que carajos is *happiness*?

It's been a while since I thought about happiness as this construct or state of *"being"*.

I am not *unhappy.*

I am not numbed- *which for me is the step below unhappiness.*

I just am. *Soy. Ser.*

And just being, under my perceived path in life, *is beyond happiness.*

Being is allowing myself to go beyond these forced perceptions of state of being.

As I'm writing I am realizing how *buddhist* this *"just being"* concept sounds.

I do have to recognize that I incline towards some of the buddhist practices, but there's not a lot of "zen" *(or so I believe)* in what I'm saying.

I am *being a human* who cares and grows, an empath who's learning to recognize emotions as something that you "feel",

not as something that inhabits you and takes over your existence.

I am *more* than the melancholy of *"what ifs"* in the rearview mirror.

I am more than the anticipatory joy of seeing the blue of the ocean become green luscious mountains outside my low-budget airline window seat.

I am more than the feeling of the 4 PM sun hitting you at the beach while drinking an ice cold beer.

I am more than the pain of things I cannot control and the lamenting of my physical state.

I am more than the constant representation in the media of our pain, the capitalist oppression of the other.

My body, mind and soul as a battleground of so much violence, *historical and present* , at this moment *existing* or just being, *is* revolutionary.

A privilege.

A huge *"fuck you"* to my brain, to my trauma, to the system.

huge *"I got you"* to my ancestors and future.

A recognition in the path of healing.

Maybe that's why I couldn't find "happiness" through my ancestor's language- Their erasure of whatever concept they had of how *"happiness"* was enacted in being, through language, feeling and acceptance in this society reinforces the fact that *just being/existing* beyond the narratives prescribed by a Westernized/Global North/ Colonized/Capitalized perspective is *happiness*.

4. Marimachito

Gina Goico

Yo siempre he sido un marimacho:
Desde chamaquite, cayéndole atrás a lo' varone',
dándome etrallone
jodiendo y enseñando lo' panti.
Mi mai me dijo que me iba a mochar lo moño «*como un machito*»:

Porque no aguantaba jalone,
odiaba lo salone'.
La pobre no sabía la liberación
De solta en banda la presión de melena lacia

Con humedad a 80% y el horno de Guzmán a 40.
«Como un varoncito»
Trepándome
maroteando:
mango, guayaba, cajuilito.
Rompiendo to' las pantimedia.
Mi mai,
Gritando:

«TE VUADA UNA PELA!»
Marinita, la'ma'chiquita
Sensible como el carajo, pero ma' guapa quel diablo.

Me recuerdo un chamaquito jodiendo a mi hermano una vez en la escuela:
Cual perra, le cai encima al degraciao a mordidas.
«Un varoncito»
La feminidad se me escapaba.
Mi mai y mis tías, epítome de belleza clase media Dominicana
Claritas, bonitas, maquilladitas y con tacones.
Todas usaban pintalabios rojo y fumaban Marlboro.
Y aun con mi admiración, con lo que me encantaban esas mujeres:
Bajando cerveza y más en control que los hombres del grupo,
Yo odiaba las faldas, peinarme y sentarme con las patas cerradas.
Yo convencí a mi mai de cortarme el pelo otra vez a los 10.
Un honguito, ya sabes.
Yo feliz sin tener que sentarme por más de una hora en el salón:

Mi mai no podía coger más la excusa de torturarme con los rolos y luego quemarme con esos blower rojos que te rompían los tímpanos del oído y hacían que el salón entero oliera a moño quemado.

Fui libre,

Al menos en mi cabeza.

Lo que no me hacía sentir libre era la presión:

Faldas, brasieres. Yo no tenía tetas pero *«había que ponerse»,*

más cuando el vecino me dijo un comentario sobre mis pezones hinchados camino al colegio, algo como que « *'ta creciendo tu»* mientras miraba mi pecho.

Veía a mi hermano montando bicicleta en el callejón.

Yo quillada, no entendiendo que paso solo pensaba:

«Que maldición es este cuerpo»

mientras veía el pecho de mi hermano muy parecido al mío, sabiendo que nadie le iba a decir que *«había crecido».*

flat people in virtual space

Alejandro Heredia

Amauris has never said anything worth remembering until the tweet. He is up earlier than usual, spends an hour scrolling through his timeline, liking the occasional meme, sharing the good political takes. Social media is a vacuum of time. He doesn't notice he is running late until he is running late. One more minute, he promises himself. That's when he sees the #afrolatinx hashtag trending again. He writes his take quickly, punctuated with the hashtag and a good meme, and rolls out of bed.

On the subway platform, he checks his phone again and sees that the usual people liked his tweet. He's sure one of them is a fake account, but doesn't care enough to block them. An extra like is an extra like.

The morning sun is soft against a plush of clouds. He looks out at the horizon, over the line of brick buildings. How tender The Bronx looks in the morning. He lifts his phone over his head to capture the image, takes a few good shots he means to post. But then he flips the camera, just to check he looks okay for work. He snaps a photo, checks to see no one is watching him on the platform, takes another. The shot of the sun in the clouds is beautiful but wouldn't get many likes. The second shot of his face will have to do.

He looks at his face on the screen and wonders if he should have used the #afrolatinx hashtag in the first place. His nose is thin, his curls not as tight as his brother's. He certainly feels himself to belong to the hashtag, described and represented by the identity. His blackness, mixed in there with who knows what, ever present in his deep brown skin. But no one seems to agree on who the word pertains to. Every day there is a new argument about phenotypes, if Spanish-speakers fit into the diaspora, the bounds of blackness. He posts the selfie just as the train rolls into the station.

Work is a whirlwind as soon as he arrives. He works in IT, Audio/Visual support. It sounds good on paper, just as exciting when he first started. But he's been at the job for two years and most of it consists of providing tech support for meetings and fixing people's keyboards. It isn't just the old people that struggle with technology. Even the executives who know so much about securing funders and keeping the company relevant in a market full of competitors. Everyone needs tech support, no one knows these machines as well as they think they do.

"Dude, Leah in development. Second virus this month." John, his coworker, says during their lunch break.

"How?" Amauris opens his palms as if to receive an answer from the divine.

"These white women, I'm telling you," John says. They laugh. John's laugh sounds like bells. It tickles the back of Amauris' neck like a gentle summer breeze. It's been like this ever since Amauris kissed that guy at the bar a few months ago. He was drunk and had just broken up with his girlfriend of three years.

Now there is something new about John. A lingering curiosity tugs at Amauris, thin as a string. John, who has years more IT experience and always comes to the rescue when Amauris falls short. John, whose "we" includes Amauris when he talks about Black people. Whose playfulness creates the necessary levity to survive a work space surrounded by people who don't look like them.

Amauris bites into his turkey and cheese sandwich. Another ridiculous request pings their email. They laugh.

In the middle of the afternoon, John runs out early to pick up his daughter because his wife can't. Something inside of Amauris loses its wind when he hears his coworker mention his family. Not because he doesn't know they exist but because he is reminded there is a place more important to John than their little corner at the office. Deflated, he smiles, takes on the extra meeting to help him out. Amauris has to set up a video call for three hundred people across the globe. He's done this many times before, hopes to set everything up so he can leave on time.

"Hey, Antonio, do you mind hanging around for a bit, just in case anything goes wonky?" It's one of the senior directors; blue button up, sleek blonde hair, white teeth. Anything that comes from him is more demand than suggestion. Amauris thinks about correcting him, but he knows the executive will forget his name as quickly as he might utter it. Amauris smiles, takes a deep breath, lets it out as he sits back down at his desk to monitor the meeting.

By the time he leaves the building, the sky is dark blue. Midtown blares with noise and artificial light. He snags a seat on the subway, the only blessing of working past rush hour. Amauris feels the pull of sadness, but he can't locate its source, and he can't imagine its shape. He only feels the weight of it, heavy as a quilt. He turns on his front facing camera. Maybe he will find something in the lines on his face, the brown of his eyes. But he finds nothing there that will explain it, or him. If the face on the screen is who he is, then who is he? Amauris puts on his headphones and lets the music carry his mind.

At home, he moves a stack of shoes from the front door to get inside. How many times has he told his brother not to let them collect like this? This heap of aimless sneakers. He's too tired to repeat himself now. And anyway, his brother will not listen. Amauris speaking will only be used to spark another argument. He grabs a granola bar from the kitchen and locks himself into the safety of his room. He opens the window, turns on his fan, anything to help him breathe better.

Amauris lays on his bed with his work clothes on. He's in the habit of jumping in the shower as soon as he gets home, but the day was long and arduous. He wants to fall asleep, to forget the day until it meets him again, that inevitable light. His mind begins to flutter and fill with the day's detritus. He pulls his phone out, realizes he hasn't checked his social media since the morning. The day has distracted him from where he really wants to be, his little network online.

He blinks twice when he sees the number of notifications. Confused, he goes to his profile, looks at his latest post. An impossible number suggests his post has gone viral. He jumps out of bed, puts his glasses back on as if that will clarify the thing. He scrolls through the comments and sees influencers, writers, even a television celebrity, all pitching in from their own little corner of virtual space. There's the expected argument back and forth about identity, politics, who belongs to where and who can claim what. The endless conversation about blackness, fractures in the diaspora, the flattening of his island's long colonial history to 140 characters.

The arguments don't dampen his mood. Amauris breathes a gust of elation. He makes sure that his political identities are on his bio in perfect order. At least the ones he knows, the parts of him he can explain to the world for now. It doesn't matter that some of the terms eclipse him, that they can never truly capture who he is. This is all the ethos he needs to enter the conversation with command. And he has stories about cousins making fun of his skin, the many times his mother told him to stay out of the sun for fear of what it might reveal. Personal experience is supreme on social media.

Amauris cocoons himself in bed, and dives into the whirlpool of online conversation. He is ready to be seen.

A Solas

Tomás Hubier

Personajes.

Javier

Conejo

Cabaña extremadamente pequeña, con dos paredes y techo de cristal que permiten visibilidad total al exterior. El piso y las otras dos paredes son de madera clara, sin barnizar. En el centro tiene una cama con varias capas de mantas, casi al raz del suelo sobre la que cuelga una lámpara de cristal que parece la casa en miniatura. En la puerta hay dos hombres, uno de ellos con dos maletas.

Conejo: (dejando las maletas en el suelo avanza hasta la cama) ¡Ven acá mi negro!

Javier: ¿Conejo, a donde me trajiste?

Conejo: A una madriguera de amor.

Javier: Conejo, las madrigueras están debajo de la tierra, esto está demasiado expuesto.

Conejo: (Levantándose) Tienes razón, es más bien nuestro nidito de amor.

Javier: Esto más que nido parece una pecera.

Conejo: Eso mismo (lo abraza por la espalda) para hacer burbujas de amor por donde quiera.

Javier: ¡Para para para para para! No vine para que tengamos sexo en público.

Conejo: (Al oído) ¿Cómo que en público? ¿Quién nos va a ver aquí? (Le mordisquea la oreja)

Javier: (con voz trémula) Pero…

Conejo: Shhh! (lo sostiene por la cadera y ligeramente le va dando la vuelta)

Javier: (Casi sin voz) Pe...

Conejo lo besa muy despacio mientras le sostiene la cintura. Javier responde al beso. Sin soltarse ni dejar el beso ambos van hasta la cama, caen en el colchón, Conejo sobre Javier. Conejo se quita el abrigo y le quita la correa a Javier, luego se pone de pie y le hala los pantalones. Justo en ese momento suena un fuerte ruido afuera. Con el susto Javier se sienta en la cama y se tapa con una manta.

Javier: (Molesto) ¿Quién nos va a ver aquí verdad?

Conejo: (Intentando halar la manta) Mi negro, eso fue alguna rama seca cayendo de uno de los árboles. Aquí no va a llegar nadie. No te desconcentres ahora.

Javier: (Sin soltar la manta) Ya Conejo, ya pasó el momento, además no me gusta esto, me hace sentir como un producto en vitrina. Te agradezco el esfuerzo de la sorpresa, pero prefiero que volvamos a la ciudad y siendo muy honesto, que me dejes en mi casa.

Conejo: Eso no se va a poder.

Javier: ¿Cómo que no se va a poder? ¿Es un secuestro ahora?

Conejo: Si esa es tu fantasía, yo le entro, pero te advierto que no voy a pedir rescate. (Se acerca a abrazarlo) Te quiero sólo para mi.

Javier: (Molesto) ¡Ya Conejo, ya! No estoy para esos chistes. (Se pone de pie) ¡Sácame de aquí!

Conejo: A ver mi negro, cuando te digo que no se va a poder, te hablo en serio. Dentro de poco va a oscurecer y estos caminos no se pueden recorrer de noche.

Javier: (con mirada molesta) ¿Para qué tú me trajiste a este monte? (Levanta sus pantalones del suelo y saca su celular) ¡Coño! Y esto sin batería.

Conejo: Mi negro, mira si quieres mañana temprano nos vamos, pero hoy relajémonos. Suelta ese celular y concéntrate en lo que tenemos aquí.

Javier: Tengo que avisar a mi hermana que no llegaré a casa hoy.

Conejo: (Acomoda algo en la almohada del lado de Javier) Ella lo sabe... más o menos.

Javier: ¿Cómo que lo sabe?

Conejo: ¿Quién crees que me ayudó a empacar tu maleta? Ella sabe que volveremos la próxima semana.

Javier: ¿QUÉ? ¿Cómo que la próxima semana? Mira José Raúl Cornielle, tú me sacas de esta vitrina y de este monte YA.

Conejo: (Riéndose a carcajadas) Mi negro, relájate! Mañana lo que tú quieras, pero hoy amanecemos aquí mirando las estrellas.

Javier: ¡Coño! No te rías. Búscame mi cargador que voy a pedir un uber.

Conejo:(Con carcajadas más fuertes) Negro, aquí no hay uber ni taxi, ni nada de eso. Pero si te tranquiliza te ayudo a buscar tu cargador.

Javier: (Se acerca a las maletas) ¿En cuál lo metiste?

Conejo: (Rascándose la cabeza) ¡Hmmm!

Javier: ¿Cómo que "hmm"? ¿Dónde está mi cargador?

Conejo: ¿Cómo voy a saberlo mi negro?

Javier: (Llevando las maletas a la cama) Dijiste que lo habías traído. Te lo pregunté antes y después de cruzar el peaje, te lo pregunté mil veces y siempre respondiste que sí lo habías traído. (Volteando la maleta de modo que todo lo que lleva dentro cae al suelo) Eres un irresponsable, un mentiroso, un…

Conejo: (Con voz calmada, mientras revisa la maleta con extrema paciencia) ¿Algo más?

Javier: Sí, un cínico. (se levanta de la cama molesto y sigue buscando) No entiendo por qué me metí con alguien como tú.

Conejo: (Con media sonrisa en la cara y dejando de buscar) Si quieres te lo recuerdo.

Javier: (Pausa, lo mira en silencio, visiblemente enojado, respira profundo) Recuerdo de Conejo.

Terraza abierta frente a una piscina. Javier está al lado de una mesa de bocadillos justo delante de la piscina, una luz de neón azul lo baña. En la parte techada de la terraza está Conejo tomando un vaso de whisky al lado del bar una luz de neón rosa, se proyecta desde atrás de él. Se escuchan algunos sonidos de vasos de cristal brindando, apoyándose en mesas y llenándose de líquido, además conversaciones inentendibles y música lounge de fondo.

Javier: (Con celular al oído, se queda mirando a Conejo del otro lado de la habitación, con el ceño ligeramente fruncido y apretando los ojos)

Conejo: (Sintiéndose observado, avanza acelerando gradualmente en dirección a Javier)

Javier: (Respira de forma agitada, murmura algo por el celular y cuelga)

Conejo: (Se detiene frente a Javier, sonriendo) ¿Crees en el amor a primera vista o tengo que pasar de nuevo?

Nuevamente en la cabaña.

Javier: (Mirando fijamente, vuelve a respirar y se mueve directo a la cama a buscar en la maleta que tenía en manos Conejo).

Conejo: (Mirándolo con media sonrisa sínica) ¿Lo recuerdas?

Javier: (Sin dirigirle la mirada, concentrado abriendo cada compartimiento de la maleta) ¿Qué cosa?

Conejo: (Volviendo de un salto a los pies de la cama, empieza a extender su mano por el colchón buscando tocar la rodilla de Javier) Oh mi negro, que te metiste conmigo porque te encandilé desde que me viste, que fue amor a primera vista,(llegando a la rodilla) que...

Javier: (Agarrando la mano de Conejo, con sonrisa incrédula)

Conejo: (Mirando las manos unidas, sonríe)

Javier: (Devolviéndole bruscamente la mano) Es que no entiendes nada, nunca lo has entendido (Hincándose Incandose en la cama abre completamente la maleta y voltea todo lo que tiene sobre el colchón).

Conejo: (Trepando al colchón pasando por encima de todo lo que Javier arrojó) ¡Ay, sí! Ahora que estás bravito me vas a decir que no fue así que nos conocimos. (Intenta abrazarlo)

Javier: ¡Hmmmm! (Se levanta de la cama y se lleva la maleta hasta la puerta, la deja caer al suelo y abre el forro interno, mete la mano y después de unos momentos tocando sin sentir nada se levanta y patea la maleta que se desliza a los pies de la cama)

Recuerdo de Javier

Vuelve escena de la fiesta las luces de neón, la música y los sonidos de bar.

Javier: (Con celular al oído, mira fijamente en dirección de Conejo, dice por el celular) Veo uno al lado del bar, ese debe ser el tal Maurício ¿O no?

Conejo: (Se percibe observado y lo mira de vuelta)

Javier: ¿No? ¿Seguro que no es? ¡Ah! Que está fuera del país (Cambiando el tono) ¡Mierda! Este tipo se dio cuenta de que lo estaba mirando.

Conejo: (Se dirige hacia Javier)

Javier: (Viendo que Conejo avanza en su dirección) (Entre dientes) Viene para acá... Coño, coño, coño, coño, coño.

Conejo: (Acelera el paso)

Javier: (Empieza a respirar de forma agitada)

Conejo:(Se detiene frente a Javier y le susurra al oído) ¿Crees en el amor a primera vista o tengo que pasar de nuevo?

Nuevamente en la cabaña.

Javier: Yo te miré porque pensé que eras otra persona, no porque me gustaras (lo empuja e intenta pasar)

Conejo: (Le agarra la mano) ¿Cómo que otra persona?

Javier: (Mira la mano agarrada y mira a Conejo) Pero no es celoso que tú te vas a poner ahora ¿verdad? Y menos por una mierda que pasó hace más de año.

Conejo: (Sin soltar la mano de Javier) ¿A ti te parece que conocerme fue una mierda?

De nuevo en la fiesta.

Javier: ¿Qué?

Conejo: Que si tengo que pasar de nuevo.

Javier: No entiendo.

Conejo: ¿De verdad no entendiste o es tu forma de decirme que no estás interesado?

Javier: En serio no entendí.

Conejo: Vámonos de aquí y te lo explico con más calma.

Javier: No puedo, estoy trabajando.

Conejo: ¿A qué hora sales?

Javier: No sé. En estos eventos a veces madrugo. Y soy el último en irme porque me toca pagar al final.

Conejo: Yo te espero.

Interior de la cabaña.

Javier: (Jalando su mano de forma rápida y un poco agresiva) ¡COÑO! ¿Por qué tú siempre desvías el maldito tema? Tú nunca entiendes nada.

Me sacas de la ciudad para un viaje del que me entero cuando ya estaba de camino. Me dices que entre tú y mi hermana empacaron mis cosas para darme la sorpresa. ¡¿Qué maldita sorpresa?! ¿Crees que en medio de esta pandemia uno está para sorpresas? Yo tengo 6 meses sin recibir un sólo pedido, sin ganarme un peso porque ¿Quién diablos va a pedir catering para un evento cuando la gente no se puede juntar? Yo tengo 6 meses gastando lo poco que había ahorrado y sin saber cómo me voy a hacer si esta mierda sigue, y tú me traes para este monte… ¿A qué? A rapar en una vitrina, y a decir que cuando nos conocimos me metí contigo porque (imitando) me encandilaste desde que te vi, porque fue amor a primera vista (De forma irónica) ¡Y encima te pones celoso! (Ríe molesto. Pausa. Toma aire por unos segundos, e intenta hablar voz más calmada, pero con mirada de evidente enojo) Yo te conocí trabajando, tra-ba-jando. Yo estaba buscando al cliente que había ordenado el servicio, no un tíiguere "pa' mangá".

Pausa prolongada empieza a llover fuerte y se enciende la luz de la cabaña.

Conejo: ¿Revisaste debajo de la almohada?

Javier: (Sin mirar a Conejo) ¿Por qué?

Conejo: Porque cuando no quieres que algo se te pierda lo metes debajo de la almohada y luego olvidas que lo habías metido ahí.

Javier se extiende sobre la cama y levanta la almohada del lado opuesto, encuentra el cargador, lo levanta lentamente de forma incrédula. Mira a su alrededor el caos que provocó en la habitación. Conejo lo mira fijamente, Javier lo ve y se avergüenza. Se produce un silencio incómodo. Cae la energía eléctrica y se apaga el bombillo.

Conejo: Eso debe ser cosa de los fusibles, voy a revisarlos para que puedas conectar tu celular.

Javier. No, espera. No hace falta.

Javier va hacia Conejo y lo besa. Mientras se besan caen al suelo, Javier sentado sobre Conejo. Conejo intenta quitarle el abrigo mientras lo besa. Saca la cabeza, pero se enredan con las mangas. Javier logra sacar una mano y con ella acaricia la nuca de Conejo que lo recuesta en el suelo y de un tirón le libera la otra mano del abrigo. Conejo se recuesta sobre Javier y lo besa en el cuello. Empieza a bajar al pecho. Suenan chapoteos en la lluvia que parecen acercarse a la cabaña. Javier que en ese punto está en ropa interior empuja a Conejo y se tapa con lo que agarra del piso.

Conejo se levanta molesto y se le cae algo al piso, Javier lo mira, Conejo lo recoge rápidamente e intenta acercarse, Javier aún en el suelo retrocede.

Conejo: ¡Coño Negro! De nuevo no. Yo te dije ¿Quién nos va a ver aquí? Eso deben ser macos saltando en los charcos que se formaron con la lluvia.

Javier: (Pensativo) ¿Qué fue eso que escondiste tan rápido?

Conejo: Es el llavero de uno de los proyectos de la empresa, que se me quedó en el bolsillo.

Javier: (Mira hacia afuera en silencio, luego mira la puerta y finalmente cama)

Conejo: ¡Dios mío! ¿Qué fue ahora?

Javier: Que aquí hay algo que no me cuadra.

Conejo: Ya vas a empezar.

Javier: Y a terminar tu relajo también ¿Cuándo yo puse el cargador debajo de la almohada si yo no lo tenía al entrar y no me acosté a dormir? Y otra cosa ¿Si ese llavero es de uno de tus proyectos por qué es diferente a los otros?

Conejo: (Mirándolo de reojo) ¿De qué hablas?

Javier: Las llaves de tus proyectos van en llaveros con las iniciales de tu empresa y ese que guardaste tiene forma de mecedora.

Conejo: (Con mirada indiferente) Te estás imaginando cosas.

Javier: (Indignado) Mira José Raúl Cornielle…

Conejo: (Corrigiendo rápidamente y con tono muy sínico) Ese nombre sólo lo usa mi mamá, y cuando está molesta. Soy Conejo, (imitando a Javier)

Co-ne-jo.

Javier: ¡Yo no me imagino cosas! Y no me cambies el tema ¿De quién son esas llaves?

Conejo: (En tono falsamente molesto) No, el que se las imagina soy yo. Me imagino que ahora el que está celoso eres tú, pero espera… (pausa) No puede ser eso porque si conocerme fue una mierda, no te puedes poner celoso.

Javier: ¿No me vas a decir de quién son las llaves?

Conejo: Si me dices porqué te metiste conmigo.

De nuevo en la fiesta, se van apagando las luces de neón y suena bajito un poco de bossa nova. Javier le entrega dinero a un mesero y se dirige a la salida con unas bandejas en la mano. Conejo se acerca a él.

Conejo: Atractivo, trabajador y responsable… ¿Hay algo más que deba saber de ti?

Javier: (Sonríe de forma incrédula, se detiene y lo mira con un ligero gesto de desconfianza) Sí. ¡Préstame tu celular!

Conejo: (Se saca el celular del bolsillo).

Javier: (Con una sonrisa auténtica) ¡Debloquéalo!

Conejo: (Desbloquea el celular, se lo pone en la boca y agarra las bandejas que Javier lleva en manos)

Javier: (Ríe a carcajadas con la escena, toma el celular y luego de un momento se lo coloca nuevamente en la boca) No sabías mi número.

(Ambos se ríen)

Fade out

Nuevamente en la cabaña la lluvia es apenas una llovizna.

Javier: ¿Qué tiene que ver una cosa con la otra?

Conejo: Yo sí recuerdo porqué quise meterme contigo. Mientras estaba en el bar, recordé que siendo muy pequeño, solían llevarme a la casa de mi madrina, que tenía un jardincito en la entrada, y que en él había una mecedora con muchas cintas de goma que me hacía sentir un susto en el estómago cuando me subía (sonriendo busca que Javier lo mire a los ojos y saca le entrega el llavero a Javier) en ese momento me di la vuelta y tus ojos me dieron el mismo susto que la mecedora del jardín de mi madrina.

Javier: (Desconcertado vuelve a mirar el llavero) ¿Entonces este llavero?

Conejo: El llavero es tuyo.

Javier: (Con mirada confusa, sin entender)

Conejo: Desde que empezó el estado de emergencia se ha hecho muy difícil verte, compartir contigo y no entiendo porque tiene que ser así, entonces te traje aquí para estar a solas contigo.

Javier: (Enternecido y confundido a la vez) Pero...

Conejo: Déjame terminar.

Javier: Ok.

Conejo: Este llavero tiene dentro las llaves de mi apartamento. (Pausa) Quiero que te mudes conmigo.

Javier: (Respirando rápidamente, con dificultad para encontrar palabras)

Conejo: (Al percibir la reacción de Javier) No tienes que decir nada ahora, yo no quiero que te sientas presionado a responder en este momento. (Va hasta la cama y quitando una de las mantas tira todo lo demás al suelo) Ven aquí conmigo. Mira al cielo.

Javier se acuesta al lado de Conejo, quien le toma la mano, ambos comparten un silencio prolongado. De fondo se escuchan grillos, sapos y el sonido de algunas gotas solitarias cayendo desde las copas de los árboles. Javier suspira y deja escapar una risa ligera.

Conejo: ¿En qué piensas?

Javier: En aquella noche, cuando nos conocimos.

Conejo: (Sonriendo) Ya veo. ¿Qué más pasó esa noche que yo no sepa?

Javier: Que te pedí tu celular porque quería revisar si tenías Grindr, o Tinder o cualquiera de esas aplicaciones.

Conejo: ¿Y si la hubiera tenido?

Javier: Te iba a escribir mal el número.

Conejo. (Da una pequeña carcajada) Es que eres un poco controlador.

Javier: ¿Eso cambia algo?

Conejo: No. Lo cambiaría si no te conociera, pero te conozco. Por eso te escondí el cargador.

Javier lo empuja ligeramente a modo de broma. Conejo se acerca más y lo abraza, se miran a los ojos hasta que Javier se voltea, pensativo.

Conejo: (Manteniendo el abrazo) ¿Qué pasa mi negro?.

Javier: Que contigo siento que voy en automático y no estoy seguro a dónde.

Conejo: ¿Quieres que sigamos avanzando?

Javier: Tampoco lo sé. ¿Eso cambia algo?

Conejo: (Con lágrimas en los ojos) No (Pausa prolongada) Lo cambia todo. Conejo suelta la mano de Javier, lentamente se va levantando de la cama.

Fade out.

the soul of a woman is a wild sea, i couldn't help but worship it

Nilsa López

don't call me brave
for loving
who i love
don't ever call me brave
for loving a woman's heart
and the sea, of course, the sea
of her soul.

todo comenzó with my father and her mother introducing us, y todo terminó with her mother saying "si me entero que eres lesbiana, me voy a suicidar" or something like it. just because she saw a hug between us, a hug so powerful you could light up the entire cosmos. why "death" if our energy was "life" if our love was right?

the rushed kiss of emily rose and memories from a night in the year i turned sixteen

Nilsa Lopez

when i touched her
i could not -entirely- breathe
the tongue of the city weighted our bodies
& shamed our thoughts.   clouded my
feelings.
so, i held her close
to kept ourselves away from the hate
'do you wanna do this another day? perhaps' she said
'with no rush' she said
'with no one waiting for us' she said
so, i held her close
kissed her   hard and wet   craved for more
i gave zero fucks about everybody else
the world wasn't even revolving around the sun that night
so, i kissed her
and we both died there   and we both
lived there:
in that moment-hurried space of this universe.
i
made a poem out of you
you
made a poem out of me.

she never loved me so i wrote a poem & loved myself even more

Nilsa López

i wanna be all the girls i've loved before
sweet girl, tough girl, never-but-want-to mean girl
bad girl with a cute smile
bright eyes and perfect eyelashes
i wanna be all the girls
that i never dared to say 'i like you'
i wanna be all the girls
i see in the mirror in the evening
when the morning has passed and i'm no longer a zombie
when i'm ready to be pretty
to be pretty for them to love me back
girl who can be as brave as any man
girl sitting on the Starbuck's floor and working her ass off
girl looking for her dreams
girl not giving in
girl conquering girl
girl loving herself
her, giving speeches in front of the mirror before going out
girl looking back
girl looking forward
reading, writing, listening, speaking
i wanna be them
all of them
whole
brimful
unapologetic the moon
the light
the road the empty highway lacking the need to be full
concrete girl, soft girl, kindred spirit girl
"not what you want" girl, yet what you needed: you;
an empty parking lot at 6 pm but oh, with the greatest view
above: the sky the sunset goodbye with magenta drops
closing the gap between you and the you that is loved
loved by you
the girl,
the girl being the road.

playlist for my ex-girlfriend who doesn't talk to me anymore, but oh my gosh she needs to listen to this song (that's the title)

Nilsa Lopez

i want to tell you a story
how i saw you when i went downtown
i saw your black hair, ponytail tight
miss right, mama's girl, always fine,
Starbucks in hand, looking away
like when we were 16
sixteen is the number of times i never said i love you
and i loved you and i loved you like the end of things or the end of that Khalid song
young dumb, young, young dumb & broke
young dumb broke high school kids
(repeat)

i want to tell your story
how i saw you when i went downtown
last weekend
how you felt in love with a player
when we were 16
and sixteen is the number of times i cried when you left me
or the number of times i sang *summertime sadness* to my ex-girlfriend who is now my best friend who i wish was my girlfriend again so we can go back, break up and be best friends again in a loop.
(repeat)

i want to tell your story
the kind of story
that ain't funny, ain't pretty, ain't sweet
and this is how life goes

double-quote #ohmygoshiloveConanGray
hello, are you there?
please don't try to kiss me on the sidewalk
hold back the river
but life got in between
let me finish the story:

(play)
once upon a life
i just wanted to look at your eyes
ex-girlfriend or not
listen to that song
while we rode our bikes into the sky
let us hold each other
even if it's just in my mind
sixteen times
kiss me hard before you go
because this love that i've been working on
have left just a deep & dying breath
cause
i put too many false alarms
but let me
let me tell you the story
of how
i saw you last weekend
and now, you are fading away
gone
pause
repeat
shuffle
play
the movie, always playing in my head.

the infiniteness of my love discovered by your unrequited love

Nilsa López

artemis,

i care little about the hate the island may have shown to me or

to the love i give

i care little about

the hopelessness. the anguish. the pain.

as long as i have your fathomless forest. the hunt. the wilderness of your hair.

it could be you, or it could be any other soul

willing to commit to Emily Dickinson's words,

willing to commit that

forever is composed of eternal *nows*

the wonderful loop

between the poems i made out of people

and the poems people made out me.

The Island as my Closet

Aileen Carolina Neri Zapata

2021 Aileen Carolina Neri Zapata

The maricones down the street, the professional dancers.

The suspected patas, the unmarried teachers.

Everything about their existence was a shamed whisper,

Loud as hell to me though, resonating in my young head.

As I proclaimed my first love for Juan Pablo, el del frente.

But secretly yearning to be alone at the end of the block with Graciela, la de al lado.

The cueros y aviones, the loose neighbors.

The mujeriegos, the charming men.

Everything seemed centered on who was fucking who,

But I wouldn't know a damn thing about fucking for decades.

As I thirsted for a young colombianita, a slutty classmate.

But didn't lay my fingers on a clit until college, my first girlfriend la blanquita.

The maricones, the patas, the cueros y aviones, the mujeriegos were whispers that didn't stay back in the island like most everything I knew.

Here, here they are everywhere and out loud. Out and Loud.

Everything about their queerness resonates with all of me today, al frente, al lado, they're all my people.

Coming Out

Yulissa Emilia Nuñez

I don't remember how old I was when I told my dad that I was more interested in dating women than men, but I remember the words he said leading up to the moment. El dijo, "Cada cabeza es un mundo, ya tú eres una adulta y yo no te puedo decir como vivir tu vida." He tends to repeat himself five times when he speaks, and for the first time, I didn't roll my eyes, I didn't try to stop him, and I didn't put him on speaker phone to check my work email. I listened as he repeated the words over and over, each time with more emphasis and conviction. I had waited so long to tell him, and there he was, telling me how he felt before I even got the words out.

I didn't let him off that easy, though. I told him that I was dating a woman and that I was a lesbiana. He doesn't like saying the word "lesbiana" and I don't force him to, but I can't help laughing sometimes at the lengths he goes to say it without saying it. "Mira ella es como tú, no le gustan los hombres."

I never knew how much his opinion mattered to me until that day. I was scared when I told my mom too, because we were not as close. She either quoted the bible or told me it was a sin, but she didn't disown me. I'm not sure if someone tipped off my father before I told him or if he already knew. Either way, I am glad he accepted me for who I am. I cannot stress how much peace it gives me knowing that he supports me.

When I visited him for Christmas last year, he told me that my stepmom had noticed it before he did. I have a terrible memory, so I am always so happy to hear people talk about me when I was younger because I really don't remember shit. He said that my stepmom told him that he should never let me hang out with the "weird girls," and even though I think that was messed up, I'm grateful he didn't theorize as my mother did. To this day, I think she still believes it all started when I started playing basketball.

My brother taught me how to play when I arrived in the United States from Miches, a small town in the Dominican Republic where everybody and their mother rides a motoconcho and everybody and their mother knows fulano's business. I fell in love with the sport; it was the only thing I had that stopped me from falling apart. I was about seven years old when I was separated from my family in the Dominican Republic, and back then, in the early 2000s, I had never even seen a laptop before. I was a campo kid that had gotten on a plane for the first time and landed in a place where no one spoke Spanish. I had no way of calling my grandmother or sister or brothers or aunties or uncles or cousins or friends, and I was too shy and too scared to ask. All I could do was try to suppress my emotions, focus on the ball, get my head in the game, and keep playing. My dad never blamed it on basketball, and even though he tried to stop me from being "influenced," he said that he didn't think that had much to do with it either. When we talk about me being a lesbian, he says that when I was little, he controlled my every move because I was under his care, and now that I am an adult, he will support me in being whatever I feel in my heart. I am blessed to have supportive parents. One of the major reasons I had been so afraid to talk to them was because of all the coming out stories I saw on TV and how taboo the topic was in general.

One time, I put a spoken word piece on my WhatsApp status that talked about how a mother would embrace a cuero of a daughter before accepting that daughter as a lesbian. My middle sister messaged me as soon as she saw my status and told me that she loves me for who I am, and our mother did too. I didn't know the poem would have such a deep impact on her. I sometimes post things I like that have no connection to how I feel about someone or something. I liked the poem because I know many mothers like that exist and wanted to bring attention to that issue. I appreciated her message and sent her lots of love back, but I couldn't help feeling like I really didn't have anything to complain about. My story is not one about betrayal, hurt, or abuse. I had two parents who understood me and a sibling who knew and supported me. I was one of the lucky ones.

Surprisingly, my oldest sister's reaction to me being a lesbian was the only one I didn't expect. I never came out to her directly, she told me she found out after snooping through my Facebook and checking my relationship status years back. A few months after she arrived in the United States from the Dominican Republic, she sat me down for a "serious" conversation about my sexual orientation. She said that she felt responsible, that had I not left so young, maybe things could have turned out differently. She legit interrogated me for about an hour about how maybe I liked women because I wanted to be a woman. After all, I didn't dress as feminine. She said maybe I liked women because I had never been with a man. I told her I had a stronger connection with women, and men did not attract my attention at all. She said it just wasn't me. She said deep down, she knows that I am not a lesbian. That one day, I will wake up and decide that I will leave women entirely and seek men because I will want children one day. I told her, of course, I would love to have a child one day, but that doesn't make me less lesbian. She said it's not natural, it's not God's way.

I don't think I ever fully fleshed out my feelings about that conversation. A part of me was furious because I felt like I had to defend myself for being me, and I was an adult already. I mean, my mom might have similar thoughts, but she never tried to "talk" the gay out of me. I expected my oldest sister's reaction from my father but it was the complete opposite. One of the biggest differences between my oldest sister and my mother is that my mother is somewhat in denial. She lets me be who I am thinking that all I need is the right man to come along. She tries to set me up with different guys. "Mira Yula, ¿y ese? ¿Te gusta?" Although it is embarrassing and a bit annoying sometimes, I don't make a big deal out of it and crack jokes with her. "Diantre, mami, ¿en serio? Ese tipo anda con la camisa demasiao apretá." My mom has met two of my partners and she was the one that helped me break up with first girlfriend. One time she did cross the line and said it would've been nice to set up my last girl with one of my brothers for papeles, but that's just typical Dominican shit. I love my mother for letting me live my life. We might not have had the closest relationship when I was younger and going through it, but we made amends and I am very thankful to have her in my adult life.

The person whose reaction I cared about the most after my father's was my grandmother. I literally walked in fear at the mere thought of her reaction. But deep down, I know she knew. I had "experimented" a lot when I was little, and one time she beat my ass for it. I never got the opportunity to speak to her about my sexuality. She died four months into my first year of college. I didn't make it to her funeral either. I was so lost in those years. I saw her once before she passed. I was twelve or thirteen when my mom took me on vacation. We didn't speak as much, I loved her so much, and I had so many emotions at once. I was finally back in my home, but the place was different. I was different. I carried a basketball around and ran to the courts. I guess I blocked out what was most important to me, trying to survive and control my emotions in the United States. My grandmother said I had changed, and I knew she was right, not because I was a tomboy, but because I didn't have the same connection that I had when I was little. My Spanish was trash, I was already a shy kid, so I didn't even talk to anyone while I was there, and then I didn't even know where to start when I saw her. I remember I sat down with her, and she gave me coffee with bread, just the way she used to when I lived with her. I could tell she was mad too, not at me necessarily, but at the move in general. "Me cambiaron mi muchachita," she told everyone.

I know that she wouldn't have taken it as hard if I had told her I was a lesbian. It's not that she was liberal either—the complete opposite. But I know the love she had for me would withstand me coming out to her. I know she wouldn't have had the same reaction as my dad, but their love for me is very similar, so I know that she would not have disowned me.

Navigating my family life has had some challenges, but it is nowhere near what some other lesbians and LGBTQ+ people experience. I thought my biggest struggle coming out would be my family, but the older I get, I see that my biggest challenge has been with myself. When you live in the United States, you are somewhat sheltered from the world, which has its pluses and minuses. When I step foot in the Dominican Republic, I feel at home, but I know I don't have the same protections. I am not ashamed of who I am, but it would be stupid of me to flaunt it and act as if I can be my full self everywhere I go. Sometimes I feel strange, out of place when I go to bars and social gatherings because I have to make small talk with men. I can ignore advances, obviously, but I cannot be ignorant. The machismo culture is intense and some guys are mad aggressive. I think about safety first rather than feminism. Sometimes you must pick your battles. I have told guys off and have almost fought with a few, but sometimes I am too scared to stand up for myself and just entertain them.

I don't have any full lesbian friends on the island. Most of the women I know are fully committed to their novios with novias on the DL. I have never met so many bisexuals in my life. Every time I go to visit, I don't quite know how to move in spaces where there are not many like me or respect for queers at all. And, aside from being a lesbian, I'm also Dominican-American. That doble ciudadanía doesn't mean shit if you don't know the customs, the language, the lingo, that flow that makes Dominicans, Dominicans baby.

My biggest struggle is being confident and comfortable in spaces where I am not protected by family or conocidos. When I go out into the streets and get cat-called, men eyeing me, women low-key seeing how I move a little differently, I don't really know how to act. Guys can never really tell. I laugh inside every time. I have no tigueraje bone in my body: I'm hella shy, honest, scared of the law, a real straight arrow. Sure, I have been with crazy women who have had no shame and have given me all sorts of headaches, but I'm still learning to move out there. I'm thankful for the cousins I got that are super patient with my dumbass in showing me how to not only survive but live and enjoy life out there too. My dream is to move to Santo Domingo before settling down and pursuing a doctoral degree in education. When I move, I only worry about things like, how to drive and not get into a car crash every day, how to not get ripped off once people find out I'm americana, how to not freak out when I get randomly pulled over by the police, and most importantly, how to budget my pesos. I know I won't be accepted everywhere I go, but I got my family behind me, and that's enough for me.

El efecto de unas tetas contra otras

Lauristely Peña Solano

I

Cualquiera pensaría
que unas tetas contra otras
son solo eso
un juego divino de tetas
fabulosas
macizas
estriadas
COMPLACIDAS
pero no
unas tetas contra otras tetas
materializan poder
desencajan el mundo
detienen la línea temporal
al igual
que el aleteo
de una mariposa
desata un ciclón.

II

Cuando mis tetas
están contra tus tetas
no lo pienso
solo
siento
en bucle
mientras,
el afuera no existe
en el adentro
la divinidad se revela
cotidiana
simple.

III

Ahora,
al escribir sobre
el efecto de las tetas sobre otras
tetas tuyas
puedo sentir
¡Diosas NOSOTRAS!

Santo Domingo es un pájaro herido

Ju Puello

Las amapolas
las cayenas
los cerezos que no crecen
en este invernadero que por accidente nombramos isla
las rosas que nunca llegaron a la tumba de sus dueños
los girasoles que me despiertan en un verano no deseado
las flores, la yerba, la savia de caoba o de un pino de Constanza
el xilema y el floema
se comunican con la luna
ruegan por un beso de los colibríes que desaparecieron
llaman a las abejas extintas
le piden a la oruga que deje de retrasar su metamorfosis
desean la miel de maple
quieren curar la herida,
pero los animales siempre han sido expertos en hacer lo que les
da la gana,
por algo nos dicen pájaros.

Hoh!I'mcoming o ¿y qué regreso e' ete'?

¡Tú no va' pa' parte!: State of Emergency and Lockdown

Jennifer Marline Rodríguez

¿Qué e' lo que hay? Texto a D. Local de empanadas, Zona Colonial, Santo Domingo.

It's been 62 days since I came to Santo Domingo. *I had to return the car borrowed from S., I had to vote* en las elecciones municipales, *and I was spending my birthday* con mi familia: mi mamá, mi papá, mi hermano, mis tías y tíos, mis primos. *That was meant to happen in a span of three days. Instead, in the next couple of days the President of the country declared a state of emergency to be effective nationwide starting Thursday. It was Monday. Mobility and gathering was thoroughly restricted; interstate transportation was suspended; non-essential businesses and vendors were shut down; Police would be on the streets to enforce the new norm; everyone was to wear a mask and gloves while in public common spaces; everything coming into our dwellings from vegetables to money bills had to be sanitized; every human being should be confined to their homes from 5:00 pm to 6:00 am everyday to avoid being jailed and contagion. Exactly in that order, if you follow the priorities that ruled law enforcement operations.*

I stayed at my tía's, *with my closest family, taking the space of my cousin, her eldest, who just moved abroad. All teaching would be done remotely, according to new State regulations. I got the memo from the head of the university almost immediately after the President finished his address to the nation. The administration gave us teachers just days to switch to online classes and put together a virtual classroom with the materials and resources students needed for the remaining of the term.*

Even if I had my laptop to comply with work, my clothes and the rest of my belongings were now in Santiago, *placed in the middle of an empty apartment that I couldn't now move in to. And where bills were piling up nonetheless.*

M: si tú no ere' freca, *swipe left*

D: ¡oh y eta' freca!

D. and I matched on Tinder two weeks before the inventory of social distancing measures took over our bodies. There were fourteen days ahead before touching and physical proximity in mostly all social settings came to a halt, abruptly, indefinitely. Both D. and I, intuitively, anticipated the gloomy days ahead. First, we met at the empanadas en la Zona Colonial *two days after hitting it off via the app chat.* ¡Pídeme una de plátano maduro con queso blanco! D. texted. *I had just ordered two of those for myself. I was thrilled that D. also didn't give a fuck about* esa mecla' e' dulce y grasa a esa hora de la noche. Nuestros paladares ya se estaban gustando. *Two days later, I attended her production of an anual poetry festival at her college. It takes place in March to raise awareness of violence against women throughout Latin America and Spain. That night, while we were on the phone, D. emphasized that they were looking for a committed, loving partnership; and I said that I was moving to* Santiago *for a job.* Para la madrugada del cuarto día, tábamo' perreando en un club de la zona. De ahí nos movimos al parquecito de las Mercedes, después al parque de la birra donde intenté entrar al baño cuando D. estaba dentro pero no me dejaron y terminamos en el hotelito de la zona, donde estuvimos juntes hasta la tarde del día siguiente.

Ya lo sé, vamo' a tene' que juga' el do'.

Love Does Place

"Ma, tu piel es el cielo"

entre susurros D. me muerde el hombro

yo le mordisqueo la oreja y nos revolcamos sobre la cama

entre la enredadera de sábanas y cubrecolchón y hace frío en el

Valle

mis pezones se acurrucan en su saliva tibiecita,
en su boca resbalosa,
yo arrastro mis uñas por toda su espalda
siento en su piel la ola fugaz de un escalofrío
se engrifa y se sacude
y con mis manos sudorosas me agarro de su culo,
I ground myself holding onto your ass, amor
yo al roce de tu aliento,
a la cercanía de tu lengua
me despliego, amor
como una mariposa se alza del suelo para volar
estamos babeando de olvidos, nos envolvemos, nos damos tierra,
¿y qué queda después sino nosotras en la urgencia de querernos?

recetas del buen vivir

I. POMODORO.

agarra el ajo
pélalo
pícalo chiquitico o májalo
agarra lo' tomate'
pélalo'
pícalo' má' o meno'
prende el caldero
a fuego lento
pon el ajo sin aceite
muévelo
echa el aceite de oliva cuando el ajo esté haciendo
sssshhhh
échale sal al aceite
y muévelo pa' que coja el sabor del ajo
echa el tomate
suéltalo en banda por un ratico
depué' muévelo
apaga el caldero
échale la albahaca fresca
quítalo del calor

-¿Tú sabe' jugá con fuego?

-Umjú, me fasssscíiiina

We are both in the kitchen, D. and I, a small space with little countertop room, cabinets that are too tall, a sink that feels uncomfortably low, and a narrow window enough for us to peep into the cars parked by the park across my building. And giggle. And speculate together. It's us, we bring it to light. I'm sorting the veggies for the meal, I wash, I peel, I chop, and make them ready for D.'s hand motion: picking up, throwing at, stirring, and tasting and smiling about the whole thing. The countertop is filled with a cutting board, oil container, spice rack, water bottles, spoons. While forging this habit of cooking together the lack of objects starts popping up. I just moved, remember? No importa, *here we need a spatula, for this we could use a blender, now a lemon juicer would work or I want another pan.* Y así la cocina empieza a llenarse de objetos. *The cabinets start to fill up (glasses, silverware, cups), the structure of the space starts to take a robust shape, as if objects were bricks,* o blo' de cemento *building up the kitchen, a homely feeling, right by the fire. We come together and we come apart in the kitchen, about the kitchen, around the kitchen, because of the dishes, the mess, the waste of food, the produce gone bad, the leftovers, the trash, what to eat, did I say dishes? Covid-19 confinement has turned everyday life situations into grandiose events. We understand this. A magnifier has been placed on everything, trivial or otherwise, and that's how I am perfecting the art of chopping onions, because I can trace, amidst the quiet, the slowness, the colorless four walls, the strings that come off from undone layers.*

La Lechosa

Crysbel "Mariposa" Tejada

Amor mía
    Press your thumb into ripe flesh
color del amanecer
Hold me lovingly
    se que tú me quieres
weigh me
    alma de *caona*
me siento extraña
    a heaviness dwells
(somos extrañas)
sliced in half
Sweet essence
cavity of black bitter seeds
    Semillas de memorias
spilling over the cores brim
Dicen que tú eres mi ilusión
    with parasitic glares
me negaron

Pero no convivo en fantasía
quiero ser la dueña
de mi corazon

Mother's Gaze

Crysbel "Mariposa" Tejada

Last night
you had a dream
that hands of a mujer,
Were grabbing at every part of my flesh.
I can tell in your eyes that you knew the truth,
That "mujer"
was my lover
caressing my flesh,
Planting kisses behind my ear.
But to you they were brainwashing me.
El demonio
Seducing me to ir al otro la'o.

This morning
you pinched the curly coils
Of Lomas and the sea,
Cascading from the top of my head,
Looked at me in disgust and said,
"Why you wanna be Africana?"

In the afternoon,
your hands grabbed
at my "chichos,"
"Te 'ta poniendo gorda"
Patting my belly
"Tu ta' preña?"

And as the luna woke up in the evening,
You scrubbed at the black skin
Behind my ears,
Desperate to remove,
La negritud.

Pero esto e la cosa Má:

That tomorrow
I will make love to my partner
in the morning sun.

En la Tarde
I will bathe in the river,
droplets of water
Trickling down my breasts,
Over my belly,
In between my thick thighs
As I tell stories with my hair.

And in the Evening,
I will leap naked
Into the ebony night.
Melting amidst the stars
Where the sea
meets the sky.

Call me a Limoncillo

Scarllet Veras

soy un puñado de fruta dulce y agria, one not everyone likes.
prickly as a mandarin peel

but not as sugary-sweet. floating, tucked away in a dream of
summer trees

soy un sabor persistente que te mantiene despierto la noche
entera

so eat me with fervor, make sure to break my mortal exterior
open with your pearly front teeth. reveal my fleshy pit, pink
and cosmic: suck.

this awareness of my body startles me so sharply; the shame of
it a chill

that turns me blue to the touch yet i desire, please slurp

the fruit of me, my endless wit, my exhaustive spirit. make me
moan in ecstasy.

sosténme en tu suave manita y ábreme dentro de tu boca, oh
tan suave

don't bite into my cavernous pit, carelessly, my hardened
fleshcracks teeth and bruises gums.

my godlike body is mine and mine alone. it disgusts & it
frightens, yes, frightens, the soul

the sole emotion underneath that breathless rage of yours,
piercing the protective aura of my ancestors is fear. religión
looms, heavy as a shadow and stereotypes linger.

but, callate, silencio. hear the word: queer.

flinch & grimace as the word lives in it's truth

see me, hear me, how queer, how strange, how unreal. pero yo
no existo.

bisexual. queer. what about me? ¿dónde estoy? dismissed, a
ghost

voicelessly haunting my self with who I love & how I love.

my identity is mine and mine alone, yes I know that, I do, but it just doesn't seem to exist.

who am I? ¿quién soy yo?

it just doesn't make sense, any type of sense, not to me

how do I exist, if I even exist at all?

mi cuerpaso, a foreign thing that I control, do I?

mi cuerpaso, a foreign thing that controls me, it does.

so Othered it crushes me, chokes me, bleeds me dry. being myself, amando mujeres, amando hombres, loving & desiring & wishing so much my lower gut is absolutely

sopping in want, in utter longing that it makes me cry

it took some time for my limoncillopit to grow, so big, so powerful. your cute little teeth won't be a match for it, my delicious flesh, it clings.

mi cuerpaso, a foreign thing that others control, not anymore.

a wince, a furrowed brow, a silent glance at the other. at the Queer. at me.

it pours out of my every pore, my self leaks glitter adobo soup down my stretch-marked body.

the mere act of it, of you, es divinidad y monstruoso,

engulf this / see

the body of me, open me up, gently

slip those sticky fingers into more, slick and warm.

there. there. an inherent sigh, belonging, fulfilled, a trembling leg. here. see me. a hope, a hum, curling toes. right here.

Liberándome Yo Misma

Scarllet Veras

An imperceptible target on my expansive back. Desafiante,
soy un cruce entre una monstruosidad angustiosa y
una película campy. Amando tanto que ese sentimiento se
extiende más allá del binario cisheteronormativo. Un
poltergeist en malva, un monstruo en verde, a creature
who is misunderstood, silenced, pushed aside like a forgotten
candle burning at both ends. The thing about a too big body
of want, a too fat too queer candle forgotten in the corner of a
wooden table is that if left unwatched if left alone, it could
catch on a curtain, on a lone piece of paper. Or better yet
it could extend its fire and spark into a supernova black
hole of might, consuming, devouring, conquering.

My quiet love is endless. It explodes to the touch, marvelous
myth. The heart of me, the blood bleeding at your feet at every
corner, it sings. I'm here. *Fuck.* I'm here. Touch me so I know
it, touch me so I feel it, touch me so my body stays here with
yours. Or better yet, look
at me. Look into me. Liberate me from it, liberate me, tell me instead, liberate yourself. With battle-worn arms outstretched, face held up high towards
a lone sunbeam, I do. Liberándome yo misma, escribo. Yo escribo.
I write myself into existence, by myself, for myself because to be this,
to be queer, in this community is to be lonely. That closet, that one by one
cube with a flickering light and dry moth ridden air, it steals all breath

from my hollow lungs but it also allows my phantom fingertips to
stitch a body, my body, inch by inch. It is tired, that Frankenstein's
monster of a body. It pulls its eyelashes strand by strand. Cries truth
poetry in birth, a giant pool of it that turns into a melody of yo soy real / mírame.
My body is fully planted into the earth. Immortalized my place in the world,
into the community that often doesn't see me, a bisexual latina. a
queer latina. Todo lo que yo soy. Big body glowing, solitary silhouette shining.
A legacy formed in every bit of me I etch out through words, these words,
the ones that both beg to be heard and
are written to be read. My heart still lives in constant disbelief but the lingering
warmth caresses my cheek, all that I've yearned right in front of me. I take it
in and run, run without looking back.

Me llamas perra

Scarllet Veras

Más bien lo declaras a la totalidad del tren C
Me gritas, escupiéndome, la rabia infundiendo tus rasgos
pálidos
de manera tan horrenda, que me hizo completamente
consciente
de lo que me rodeaba. La forma en que te
quedaste sin aliento
por
correr hacia la puerta que casi te perdiste, podría haber sido
un
espectáculo cómico si no fuera por el hecho de que eras
amargado
y venenoso, apuntándome con odio. desquiciado, jodidamente
desquiciado
me dan ganas de volver allá, a esa noche y gritar:
¡Cállate! ¡Silencio!

Me asusta el aliento si, asusta el alma única emoción debajo
de toda
esa energía pútrida y desordenada que me atraviesa
tanto a
pesar de la
avalancha de mujeres en el vagón del metro
que me ven,
entiéndeme,
protégeme alejándome de ti

Mi energía era frenética, ansiosa, aterrorizada, sí, todo ... pero
debajo
de toda esa pesadez que me agobiaba, mi rabia me
sostenía.

Esa noche
fui silenciado por ti, por el poder que pensabas que tenías
sobre mí.
hace que mis puños se
aprieten y mi cara se caliente de
frustración
porque el verdadero horror de esa noche fue tu audacia.

Me puse los auriculares, perdiendo a propósito el resto del
ataque verbal
dirigido hacia mí. Silencié tu diatriba. te silencié.
un escudo que protegió
mi amada paz, que con el tiempo calmó mi corazón
palpitante.
ese es mi
poder, mi fuerza. Yo soy más fuerte de lo que creo que soy,
mi cuerpo
audaz y estable a pesar de la forma en que mi interior
se desmorona ante
la más mínima catástrofe. esta mierda siempre pasa, ¿no?
pero tengo las
herramientas para sobrevivir a esto y cada día es una
prueba de ello.

this joy is a flutter of an uncaged pajarito's wing

Scarllet Veras

They migrate for the winter in a striking
v-formation that charms mis ojitos.
glancing up, everything in me aches
for their warmth, & their intimacy
it calls me, it lacks in me. i answer, envy in my
throat & yearning on my mother-tongue. my tender
fingertips caress esta oración rota, thick fragments
that echo the faded scars on my laden wrists. &
todavía i sing a soft sigh at the reminder of what
pierced me & i praise, breathlessly,
my heart-wrenching half-hidden growth.
this joy is a four-chambered heart
beating wildly, signaling the vastness of my rapture.
gratitude tickles my lips, touched, blessed
tears running down my face porque estoy viva
al mismo momento que estos blue-headed vireos, estos
varied thrushes, estos white-crowned swallows, estos
painted buntings, estos ruby-throated hummingbirds.
esta alegría es sunbeam bright as their dewy eyes, honey
soft as their feathers, divine as their sweet song

from fledgling beaks that finally, finalmente
rekindles mi espíritu y me trae luz divina.
thank the heavens, gracias a todas las diosas
que me sostienen for this fleeting fluttering that fills
my breasts, it makes its home in me, itself known to me
despite its oh so brief bittersweetness (agridulce)
that constantly burrows deep in the crevices of my unlit
nest. por esto mis manos se levantan, un milagro encendido
my home / this joy small as an habichuela dunked in delicious
dulce, yet — still — filled with giggling delights of spring, of
summer, of hope that is neverending like those birds are returning
home, now that it's spring. soft hands soft caress soft bronzed arms,
soft scent of ripening orange mangoes next to orchards & pure
poppies bursting with warmth. the smell in the air after a light
rain, a fond besito on blushing cheeks, made-up eyes pressed
closed because the sun & the sky are bright oh so bright
o this joy is all mine (toda mía) (toda mía) (toda mía)

ACKNOWLEDGEMENTS

The editors would like to acknowledge that this work was dreamt and birthed on the lands of the Indigenous Taíno, the Arawak-speaking people who named this land Kiskeya, between 6000 and 4000 BC and on the homeland of the Lenape (Lenapehoking) people who were violently displaced as a result of European settler colonialism over the course of 400 years. We honor those to whom these lands belong to past, present and future and we offer this work in honor of them and the enslaved Africans who continue to guide and protect us.

This book was born from a workshop created during the 2020 pandemic, where queer Dominican Writers could come together and write our stories. We are grateful to the students who attended the six-week workshop that gave birth to this anthology. The anthology is organized in three sections: Dios, Patria y Libertad (God, motherland and freedom). We decided on our country's mantra as a way to carve space for ourselves and reclaim home.

The editors would like to thank the Dominican Writers Association, board and staff. In particular, we would like to thank Angy Abreu for trusting us with this book and supporting us through the long process of compilation and production. Thank you to all the writers included in Pájaros, lesbianas y queers…¡a volar! We could not have created this work without you. Thank you to our book designer, Leorian Ricardo, and the entire team at MORO Studio. We appreciate the time you took with the layout and design. Your illustration perfectly captures the essence of this work. A special thank you goes out to Nicole Rodriguez, our copyeditor, who treated each piece like the most precious jewel. Thank you for honoring the integrity of each writer and their particular style and distinctive voice.

Thank you to all of the literary spaces and organizations who have welcomed us: The Bronx Academy of Arts and Dance, the New York City Latina Writers Group, Dominican Writers Association, Cave Canem, Poets & Writers, Sankofa Sisterhood Writers Retreat, and VONA Voices of Our Nations Arts Foundation. We would also like to extend a special thank you to the tribe of writers who took the time to read this work and generously provide blurbs: Charles Rice-Gonzalez, Mariposa

Maria Teresa Fernández, Dr. Griselda Rodriguez, Elizabeth Acevedo, and Yolanda Arroyo Pizarro. Thank you Dr. Ana-Maurine Lara for your contributions to maintaining the integrity of the work and keeping it pure.

Thank you to our daughters, Courtney and Elena, for inspiring us daily. We are better humans because of you. Thank you to the Santos-Diaz and Castillo Fuertes families, both chosen and biological, for accepting us and loving us the way we are.

This work is for all those we have lost in acts of violence against the trans and LGBTQ community. Your memories serve as a reminder to continue fighting for equality, acceptance and love.

Finally, thank you to the forty participants who attended the first Pájaros, lesbianas y queers…¡a volar! workshop back in 2020. Our intention was to see our works represented and honored in the literary world, and respected in the Dominican literary canon. Thank you to every single writer and contributor of this revolutionary work. Thank you for trusting us.

May you always feel that you are home, whether it's here in the Dominican Republic, or anywhere you might find yourself in the diaspora. May you know there is a place for your work and your stories. May we remind ourselves that the lema, "Dios, patria y libertad," belongs to all of us. May we never fear flying—Pájaros, lesbianas y queers…¡a volar!

CONTRIBUTORS

Tábitha Alfaro is a writer and self-taught visual artist. Born and raised in the Dominican Republic, she began writing ever since she was young, going on to earn her Bachelor of Arts in English in Thailand where she uncovered a passion for poetry. She currently resides in the Dominican Republic.

Sarahí Almonte Caraballo is a Dominican-Puerto Rican poet, writer, performer, and nurse. Born in Santo Domingo, DR and raised in Spanish Harlem, New York City, Sarahí is a storyteller. Her writing is real and raw. A clear voice on the page. Sarahí is an alumna of Voices of Our Nations Arts (VONA) 2020, Writing Our Lives and Sankofa Sisterhood Writer's Retreat. She has performed her works at various community events and colleges and universities including Brown University, UCONN, Rutgers and Trinity College. Currently living in Connecticut, when she is not writing, Sarahi is a public health nurse who builds community trust one patient at a time.

Elba Caba nació el 18 de junio del año 1993 en Santo Domingo. Graduada de medicina general por la Escuela Latinoamericana de Medicina (ELAM- Cuba) y del ´´Diplomado Virtual de Escritura Creativa para Escritoras Caribeñas´´ impartido por Proyecto Anticanon, formada en Educación Popular por la FEPAD (Formación en Educación Popular Acompañada a Distancia). Ganadora del primer lugar en microcuento del Concurso ´´Soy Caribe!´´ y segundo lugar del ´´Poxeo Cuir 2021´´. Escribe desde los 9 años, su producción se basa en poesía y microcuentos surrealistas, excesivamente íntimos y personales.

Yoseli Castillo Fuertes, born in the Dominican Republic in 1972, migrated to the United States at 16 years old. She holds a BA in Psychology and an MA in Spanish Literature. She is a bilingual-afro dominican - latina - lesbian - poet - activist-teacher-aunt-mom. A Cave Canem alumnus, her poems and short stories have appeared in various anthologies inNew York, Madrid, Argentina and Santo Domingo. Her online work can be found in publications by Dominican Writers Association, Hispanecdotes, Project Zu, Academia Canaria de la Lengua Revista Literaria, The Voices Project, amongst others. Her first poetry book, De eso sí se habla/Of That, I Speak (2012) is sold out and out of print. For more information you can contact her: cyoseli@yahoo.com / FB: Yoseli Castillo / IG @yoseliescribe

Jeanette Cepeda Guzmán is an Afro-Indigenous Caribbean lawyer and multidisciplinary writer. She was born and raised in Brooklyn, NY to Dominican immigrant parents. She is a civil legal services attorney at a NYC based non-profit organization. When she is not advocating for her clients in court, she is exploring the intersectionality of her identity in her writings. She's a memoirist and a natural storyteller heavily influenced by her experiences in New York City and Santo Domingo. She began sharing these experiences in "Confesiones de una niña malcriada" published in the anthology *17 Memorias y un Prólogo*.

Angelina Coronado is a student and Mellon Mays Undergraduate Fellow at The City College of New York. She runs *The Atlantic World Archive* on Instagram and they write about queerness in multiple senses of the word. She resides in the NYC metropolitan area with her family and is currently completing her senior thesis and writing a novel.

Emir Cruz-Fernández has studied Psychology, Theater, Literature, Art and languages at CUNY Graduate Center, the Universidad de Alcalá de Henares in Spain and at CALES (Center for Arabic Language and Eastern Studies) in the city of Sana'a, Yemen. He holds a Ph.D. in Spanish Literature from the Graduate Center, CUNY. A professor, an actor, a public-school teacher and theater director, Emir has participated in several productions that go from classical Greek theater to experimental, avant-garde and musical theater. A passionate lover of learning who has dedicated his life to the arts and to passing on the light of knowledge to others.

Carlos Ulises Decena (Santo Domingo, 1974). B.A. en Literatura Inglesa y Ph.D. en Estudios Americanos, de New York University. Enseña para los departamentos de Estudios de la Mujer y de Género, y Estudios Latinos y del Caribe Hispano, de la Universidad de Rutgers, en Nueva Jersey. Ha publicado en revistas académicas. Recibió la *Woodrow Wilson National Fellowship* para terminar su libro *Sujetos tácitos*, en que discurre sobre la identidad, el cuerpo y la masculinidad del sujeto homosexual dominicano en la ciudad de Nueva York. *Bautizo* pertenece a su novela inédita *Locas malas*.

Reinaldo del Orbe estudió teatro en la Escuela Nacional de Arte Dramático ENAD.Es dramaturgo, actor, y director. Fundó Ojoluna Teatro, nombre bajo el cual hace sus producciones artísticas.. Ha escrito varias obras de teatro que suele publicar por autogestión en Amazon. Ganador de menciones de honor en premios internacionales de dramaturgia, siendo el Premio Internacional de Casa de Teatro el más importante. Su literatura siempre trabaja la temática homoerótica.

Mikaleah Drullard is an Afro - indie - descendiente - mestice - fronteriza habitante del tercer mundo. Heterosidiente, fugada del Estado dominicano y del sistema sexo-género. Marika-travesti, anticolonial y parte de las colectivas AFROntera y DécimaOla, y voguera en la Casa de Magdalena.

Yuderkys Espinosa-Miñoso is an Afro-Caribbean writer, theorist, teacher, researcher and popular educator. One of the forerunners and main exponents of anti-racist and decolonial feminism in Latin America and the Caribbean. She founded the Grupo Latinoamericano de Estudios, Formación y Acción Feminista (GLEFAS) where she directs the Caribbean Institute of Decolonial Thought and Research. Her main contributions advance towards a criticism of the coloniality of feminist reason. She is a frequent guest speaker of universities, organizations and social movements in Latin America, the USA and Europe. His texts have been translated into more than five languages. In 2020 her collection of poems "laquevuelve" was published by Anticanon.

Stella Estrella is a Dominican-American, first-generation, NYC-born writer, photographer, and filmmaker who has found her purpose in life to promote free thinking and creative expression of one›s own stories through identity exploration and traveling the world. She is the first and only United States-born member of her immediate family due to her father›s false imprisonment just 20 days after she was born. Because of this tragedy, Stella has made it her mission from a young age to embody liberation in all its forms. It is what propelled her to come out as a lesbian at just 15 years old, led her to travel to 30 countries, live in 5 different cities in the past ten years, and relentlessly pursue her artistic career in the face of a culture that would otherwise consider these things taboo. Her father was exonerated in 2019 after serving a 26-year sentence and Stella is currently living in the Dominican Republic where she has been focused on writing a memoir and screenplay inspired by her life.

Sally Familia is a queer, immigrant poet and artist. They have been awarded the Academy of American Poets Prize for the poem, "The Trouble with Reminiscing" (2019). Their work can be found in the BX Writers Anthology, Genre: Urban Arts No.4, and the Latinx anthology, What They Leave Behind. They were also nominated for a Pushcart Prize for the poem, "Esperanza, Republica Dominicana". Sally is currently working on a collection of poems to be published when all is in alignment.

Daga Gautreau (Santo Domingo, República Dominicana, 1995) es une actriz, poeta, productore dominico-venezolane; se identifica como mujer queer (ella/elle); Estudiante de Cine del INTEC y egresada de la Escuela Nacional de Arte Dramático. Ha sido antologada en la Revista Punto en Línea de la Universidad Nacional Autónoma de México (UNAM), entre otras revistas literarias digitales. En 2016 fue la estudiante internacional invitada a la Fiesta de la Lengua, Universidad de Puerto Rico compartiendo su ensayo sobre teatro dominicano "De las didascalias al lenguaje escénico: uso y aplicación de la palabra en Espigas Maduras de Franklin Domínguez". Ganadora del Poxeo en Espacio Joven, Feria Internacional del Libro Santo Domingo 2016 y 2017. Su cortometraje Tanibol (2018), audiovisual documental con spoken word, ha sido estudiado en Graceland University, Spelman College y Georgia State University.

Greisy M. Genao (they/she) is a poet and filmmaker from Queens, NY with a BA in English Writing and Film Studies from DePauw University. Greisy was also a former Fulbright U.S Student Researcher and conducted research on the intersections of film and folklore in the Dominican Republic. They have been published in the anthologies "Ritmo Que Late" and "Ni de Aquí, Ni De Allá" from the Dominican Writers Association, and Sarah Lawrence College's "Lumina Journal." As a multidisciplinary storyteller, Grei seeks to explore the intersections of their own identity as a nonbinary, queer, Dominican-American artist.

Gina Goico is a multidisciplinary artist, educator and necia. Through their work, Goico navigates identity and the spaces where they exist in the DR and the US. Through their career they have created a diverse body of work ranging from embroidery to installations, poetry and performance. Goico also facilitates spaces for dialogues around healing in the current status quo. Goico holds an AAS in Fine Arts and Illustration from Altos de Chavon, a BFA in Fine Arts from Parsons and a MA in Arts Politics from NYU. Currently, they are a PhD student in Performing and Media Arts at Cornell.

Luis Guzmán Valerio was born in Santiago de los Caballeros. He completed his BA and MA at the University of Puerto Rico, Río Piedras Campus, and his MPhil and PhD at The Graduate Center, City University of New York. Luis has published literary translations in both online and print publications including *Latin American Literature Today* and *Delos: A A Journal of Translation and World Literature*. His creative writing has appeared in *Chiricú Journal: Latina/o Literatures, Arts, and Cultures.* Luis teaches Spanish at LaGuardia Community College and translates for the LaGuardia & Wagner Archives.

Alejandro Heredia is a queer Afro-Dominican writer and community organizer from The Bronx. He has received fellowships from Lambda Literary, VONA, the Dominican Studies Institute, and Trinity College. His chapbook of short stories, You're the Only Friend I Need (2021), explores themes of queer transnationalism, friendship, and (un)belonging in the African Diaspora. Alejandro's work has been featured in Teen Vogue, Lambda Literary Review, Lithub, and elsewhere. He has an MFA in creative writing from Hunter College.

Tomás Hubier es un actor, director y preparador de actores que cree en el arte como medio de crecimiento personal y herramienta de cambio político. Iniciar como actor le permitió, primero entender su cuerpo, y luego usarlo para transmitir diversos modos de entender el mundo y las vivencias de los personajes que ha interpretado. Ha dirigido obras en Teatro Kayrós, algunas de las cuales fueron creadas para el Centro Bonó. En el 2013, junto a Teatro Kayrós, creó el Laboratorio Teatral Tinta no Palco, el cual continúa dirigiendo hasta la fecha. A través del Laboratorio Hubier ha podido desarrollar su pasión por preparar actores mediante la exploración corporal, la experimentación con diferentes técnicas interpretativas y la experimentación con textos literarios de diversos géneros. Se destacan Abyecta, de Lauristely Peña Solano; Álbum de Família del escritor brasileño Nelson Rodrigues, y El Visitante de la escritora brasileña Hilda Hilst, la cual fue presentada en el Teatro Nacional de Santo Domingo.

Manuel Aquiles López Torres is a queer bilingual theater artist, writer, performer, and art hobbyist born in the Dominican Republic, raised in Washington Heights and residing in Lawrence, Massachusetts. He holds dual degrees from the University of Massachusetts Amherst: Bachelor's Degree with Individual Concentration (BDIC) and Theater. Through BDIC, he designed an individualized concentration in "Artistic Entrepreneurship" to study bridging the gap between business and artist. Through TC Squared PlayLab he developed his first full length play, Morir Soñando (Die Dreaming), which was part of The Next Stage Festival in May 2018. It was featured in February 2019 on Season 2 of Boston Podcast Players. In May 2019 he participated in This Place/Displaced produced by Artists' Theater of Boston at Brandeis University, where his short play Small Up Yuhself (Move Over) was featured. His most recent acting credits include being cast for Fort Point Theatre Channel's Tempest Reconfigured as Caliban in Meet Me on the Brink in November 2019. Additionally he was cast in Esto Es Puerto Rico: The Musical as Juracán directed by Jorge Arce and funded by The Boston Foundation in November 2019. His other interests include astrology, gender, sexuality, race, food, and Traveling. www.manilopez.com

Nilsa López is a Dominican writer who happens to be also a Lawyer, IB Educator, Feminist, and Activist. She usually reflects her narrative into poetry using free verse and spoken word poetry. Author of her debut poetry collection "Whatever" (February 2018) in which she portraits part of her journey dealing with her mental health; her work has also appeared in Ritmo Que Late: An Anthology (July 2019 DWA Press) and "El vuelo mas largo poesía hispanoamericana" (Angeles de Papel Editores, Perú, June 2020) She has performed Spoken Word Poetry in Dominican Radio Sol 106.5, Acropolis Center (Yo me Amo Unplugged 2017, Studio Theater -now Broadway RD) her last performances were at the conference "No te oigo, te escucho" at UNIBE in 2018 and Grito de Mujer 2020 at INTEC produced by Daga Gautreau. Her last public appearance was reading The Feminist Manifesto in front of the Dominican Congress in favor of therapeutic abortion in three specific circumstances. Finally, you can see her work and life through Instagram @ nilsawroteit where she shares her human experience and does poetry commissions from time to time. Pronouns: She/her. She is comfortable -for now- with the sexual identity Pansexual.

Barbara Pérez Márquez is a queer writer, she was born and raised in the Dominican Republic. She holds an MFA in Creative Writing from Manhattanville College and writes short stories and fiction, usually using coming of age and LGBTQIA themes in her work. She has been featured in a number of literary journals, as well as anthologies. Barbara grew up holding her queerness close to her heart, but she's glad to be living it fully nowadays. You can find her online at www.mustachebabs.com

Flor De Liz Martínez nacio el 20 de mayo de 1989 en Santo Domingo, República Dominicana, Flor De Liz es una escritora galardonada por unanimidad del jurado con el Premio de Novela Casa De Teatro por su novela "Perséfone" en el año 2015. Coautora de la primera agenda de demandas de derechos humanos de lesbianas, bisexuales y mujeres no heterosexuales de República Dominicana, "Les Bi Agenda RD" en el año 2016. Licenciada en Farmacia graduada de la Universidad Nacional Pedro Henríquez Ureña (UNPHU) en el año 2017 con el índice académico más alto de la Escuela de Farmacia durante dos años consecutivos, siendo su tesis de licenciatura enfocada a la Farmacovigilancia. Encargada durante este mismo año del proyecto "Farmacovigilancia Aplicada a los Anticonceptivos Hormonales" del Programa Agentes de Cambio de la Fundación Friedrich Ebert Caribe, y de la compilación y el catálogo de libros de la biblioteca feminista "La Semilla De Arcy". Activista elegida Reina de la Marcha del Orgullo LGBT+ de Santo Domingo en el año 2018.https://instabio.cc/flordelizmartinez

Leo D. Martinez is a trans Black Dominican-American writer and artist from Harlem, NY, who now resides in Atlanta, GA. She is a graduate of Williams College with a bachelor's in English, has been published by presses such as Kaleido[scopes]: Diaspora Re-Imagined, Plantin Magazine, and received the Mellon Mays and Periplus fellowships. Her writings explore the intersections, disconnections, and parallels between gender fluidity, climate change, nationalism, race, mental health, and African-based spiritualities.

Elizabeth Miller-Reyes is a poet and human journey writer. She dances with the nostalgia and humor of her experiences as a Dominican immigrant, wife, tia and woman seeking a spiritual journey. Elizabeth Miller-Reyes has been featured in Tin House,

ASU Downtown Magazine and La Libreta online. She resides in Phoenix, Arizona with her wife and fur babies and is renowned for her baked goods and empanadas.

Aileen Carolina Neri Zapata was born in Santo Domingo, Dominican Republic where she lived until she and her family emigrated to Miami, Florida during the summer of 2000 at age 11. She quickly acclimated to her new environment in "the states" where she would shortly come to embrace her queerness bursting out of the closet in high school to her peers and most of her family. She graduated from Florida International University, where she fell in love and broke some hearts, explored majoring in Gender Studies, Sociology and ultimately obtained a Bachelor's degree in Visual Arts and Art History. She is currently a certified Elementary Ed and Art educator who makes too many playlists, writes dozens of poems on the notes app of her phone, draws, paints and is learning pottery during her free time, that is, when she's not taking dance breaks with her first grade students! Aileen is honored and grateful to bring her queerness and her roots together in art and poetry.

Yulissa Emilia Nuñez is a Dominican-American memoirist. Her fondness for reading and appreciation for the written word propelled her career as an educator for high-school-aged youths. Yulissa scours and contests the world through the fine lens of creative prose, enabling her students to strengthen their writer's voice in her classroom. She obtained a master's degree from the Bread Loaf School of English and regularly attends writing workshops hosted by the Dominican Writers Association. She resides in Lawrence, MA, with her loving cat, Lunita.

Lauristely Peña Solano (Montecristi, República Dominicana, 1989) poeta, docente y gestora cultural. Ha publicado los libros: Dictado de Luna (Editora Nacional, Ministerio de Cultura 2015), Abyecta (Editora Santuario, 2018) Roja (Editorial Anticanon, 2019); la biografía, Josefina Miniño: A telón Abierto (Editora Nacional, Ministerio de Cultura 2016); el folleto Consagración del Odio (2018) entre otros. Es cofundadora del Proyecto Anticanon y co-coordina el Taller Público Silvano Lora junto a Michelle Ricardo. Junto a otras escritoras desarrollan la investigación "Valores anticanónicos de la literatura escrita por mujeres en República Dominicana nacidas durante el siglo XX"

Dr. Lemny Perez is a queer, Afro-Dominican-American writer, and trained clinical psychologist. She received a M.A. in Writing and Consciousness from the New College of California in San Francisco, CA. Her work explores the genres of speculative fiction, memoir, poetry, essays and graphic novels. She is a 2005 Voices of Our Nations Arts Foundation alum, a 2020 Musas Hermana and a 2021 Kweli Writer's Fellow. Dr. Perez's research focuses on the intersectionality of gender studies, colorism, ethnic identity development and mental health outcomes among Dominican women in Washington Heights, NY. Lemny is a practicing Buddhist who loves to paint. She lives in Washington Heights, New York where she is working on her debut novel, Honey.

Ju Puello is an Afro-Dominican poet, *transmaricón*, and migrant. He writes about the neighborhood for the neighborhood. He is co-founder of Colectiva La Maricada and editor of the Magazine La Maricada. This initiative emphasizes making visible the literature of people from the LGBTIQ + community. His art does not have a defined metric; it dispenses with norms and categories. He expresses his writings in a freestyle that, far from impressing, seeks to create links with the reality of the streets by showing his resistance and protest against the system. His work has been disseminated in Mexico, Nicaragua, Honduras, Argentina, Spain, and the Dominican Republic.

Andrew Rodriguez is an Afro-Dominican filmmaker whose work strives to demystify the experiences of underserved communities through nuanced and character-driven stories. Andrew is an award-winning writer whose work has been showcased nationwide at festivals like Lincoln Center, Tribeca Film Festival, NewFest, and Outfest. Most recently, Andrew wrote for the Love in Gravity podcast series that premiered at the US Conference of HIV/AIDS earlier this year and was later adapted as a stage play at Miami Light Project. Andrew is developing his first feature, *Negro,* a narrative story exploring the complex relationship between the Dominican Republic and Haiti.

Jennifer Marline Rodríguez (she/her/ella) es poeta, escritora, investigadora y profesora de literatura. La fotografía es uno de sus deleites a tiempo parcial. La relación entre los lenguajes visuales y literarios es uno de sus intereses formales. Tras un largo período en la costa Este de Estados Unidos, actualmente reside en Santiago de los Caballeros. Textos poéticos suyos han sido publicados en antologías en México,

Argentina y República Dominicana.

Cynthia J. Roman Cabrera is Dominican and Puerto Rican femme who grew up in the Bronx and Washington Heights, New York. She is a storyteller, essayist and poet exploring culture and identity, cityscape, familismo, and the healing of her inner child. Her work often uses Spanglish as a literary tool to tell stories on the diasporic challenges of first generation U.S. born people. She is published in *Brooklyn Poets*, *changing womxn collective*, *HerStry*, *Breadcrumbs*, Moko Magazine, *Spanglish Voces*, and the *Bronx Magazine*. Her forthcoming debut chapbook *belonging, on self: poems on dominirican healing,* is set to release March 2024.

Alicia Anabel Santos Diaz is an Afrolatina Lesbian Storyteller, Performance Artist, Filmmaker, Producer, Playwright, Public Speaker, Activist and Writing Midwife, and Priestess initiated in La Regla de Ocha. Her stories celebrate and honor Black and Indigenous women throughout the diaspora. She was born in Brooklyn and is a proud Dominican Writer. Her memoir Finding your Force: A Journey to Love was published in 2011. Anabel was awarded the BRIO Award (Bronx Recognizes Its Own) for fiction in 2018. In 2008 she wrote and produced the documentary, Afrolatinos La historia que nunca nos contaron. She is currently working on a historical fiction memoir where she merges poetry and witchcraft, and is writing "I.D.G.A.F - I Don't Give a Fck: One Hundred Years of Rage '', a memoir that dissects three generations of rage. Alicia can be found teaching zoom writing workshops to elders in the Bronx. She attended New York University and in 2021 she rematriated to the Dominican Republic to honor the land of her parents. Website: lasantera.nyc / IG: @_lasantera / lasantera.nyc@gmail.com

z.No scott. – wordworker & master of None – is unsure where Home is. z.No's work has long existed at the margins and/or in the rejection piles of private yt institutions. z.'s undergraduate thesis at Wesleyan University – *on sum cusp//laughing with me: a poem in X acts* – was a rogue production, staged without departmental support. Since, z. has taken matters of publishing into his own hands. In 2019, z. wrote, designed, and released his first collection of poems, *wetlock'd mat of heritage [i call a scalp]*, which z.No matriculated into bookstore inventory himself ;) A recent graduate of the CalArts' MFA and winner of the 2022 Emi Kuriyama Thesis Award, z.No has been published in SPOIL (Hilo Press), second factory (Ugly Duckling Presse), Broken Lens Journal and The Journal for Dominican Writers.

Marlyn Suárez is a Queer, Disabled, Taino writer, whose existence is a radical opposition to social norms that guide the communities around them; their works are just an extension of that. Maybe that's why the majority of their stories are written as an attack on society's willful injustices. In their free time, you can find Marlyn reading, hiking, and or making tea blends. They've written scripts for La Cabina Telefonica on Spotify and Diverted Power for MoonEye; this will be their first published poem. You can find Marlyn's other poetic works on Instagram @Yenikowi_Karariwa (which means sensitive warrior in Hiwatahia).

Crysbel "Mariposa" Tejada (They/elle) is an Afro-Caribbean queer born and raised between lands of the Munsee Lenape (Harlem, NY) and Ayiti/Kiskeya. Currently, living on Atakapa and Karankawa territories (Houston, TX). They're a poet, land/water defender and community gardener. They received a M.A. Latin American Studies from UT Austin, using creative writing to tell stories of women defending land in Ayiti/Kiskeya from displacement. Their poem, Ominous Light, was featured in the inaugural issue of *Nepantla: Journal for Queer Poets of Color*. They were also featured in the chapbook for *Here, Ahora: Houston Conversations, Queer ART + LIT*.

Scarllet Veras is a Dominican poet and writer based in New York City. She holds a B.A in English from The College of Saint Rose. Her inspired poetry appears in *Alegria Magazine's* anthology, *The Latinx Poetry Project*. One can find her on Twitter and Instagram @iamlitandwit, where she spends her time talking up her favorite books and healing through concerts and poetry.